Grundlagen der Haushalttechnik

Inhaltsverzeichnis

Vorwort 8

1.	**Mechanik**	11
1.1	*Grundbegriffe*	11
1.1.1	Kraft	11
1.1.2	Drehmoment	13
1.1.3	Gleichgewicht	14
1.1.4	Getriebe	18
1.2	*Feste Körper*	19
1.2.1	Spannung	19
1.2.2	Flächenpressung	26
1.2.3	Reibung	27
1.3	*Flüssigkeiten*	31
1.3.1	Druck	31
1.3.2	Kontinuitätsgleichung	33
1.3.3	Bernoullische Gleichung	34
1.4	*Arbeit und Leistung*	37
1.4.1	Arbeit	37
1.4.2	Potentielle Energie	38
1.4.3	Kinetische Energie	40
1.4.4	Leistung	42
1.5	*Weiterführendes Schrifttum*	44
	(zum Kapitel Mechanik)	
2.	**Wärmelehre**	45
2.1	*Energieübertragung*	45
2.1.1	Wärmeleitung	45
2.1.2	Wärmeübergang und Wärmedurchgang	46
2.1.3	Wärmestrahlung	50
2.1.4	Mikrowellenstrahlung	54

2.2	*Energie, Enthalpie und Entropie*	63
2.2.1	Innere Energie	63
2.2.2	Enthalpie	65
2.2.3	Wärmekapazität	69
2.2.4	Entropie	71
2.3	*Änderung des Aggregatzustandes*	73
2.3.1	Schmelzwärme	73
2.3.2	Verdampfungswärme	75
2.3.3	Dampfdruckkurve	76
2.4	*Zustandsgleichung idealer Gase*	79
2.5	*Energieaustausch*	82
2.5.1	Mischungsgleichung	82
2.5.2	Austausch mit umgebenden Medien	83
2.6	*Weiterführendes Schrifttum* (zum Kapitel Wärmelehre)	85
3.	**Elektrotechnik**	87
3.1	*Grundbegriffe*	87
3.1.1	Spannung	87
3.1.2	Stromstärke	87
3.1.3	Widerstand	88
3.1.4	Ohmsches Gesetz	90
3.2	*Magnetismus und Elektrizität*	91
3.2.1	Magnetfeld	91
3.2.2	Generator	96
3.2.3	Wechselstrom	97
3.2.4	Drehstrom	99
3.3	*Leistung und Arbeit*	102
3.3.1	Leistung	102
3.3.2	Arbeit	109
3.4	*Umformung elektrischer Energie*	112
3.4.1	Gleichrichter	112
3.4.2	Transformator	115

3.4.3	Elektronische Vorschaltgeräte	118
3.5	*Elektromotoren*	120
3.5.1	Kommutatormotoren	120
3.5.1.1	Fremderregter Motor	121
3.5.1.2	Nebenschlußmotor	123
3.5.1.3	Reihenschlußmotor	125
3.5.1.4	Universalmotor	127
3.5.2	Drehfeldmotoren	130
3.5.2.1	Drehstrom-, Synchron- und Asynchronmotor	131
3.5.2.2	Wechselstrom-Asynchronmotor	135
3.5.2.3	Spaltpolmotor	140
3.5.2.4	Synchronmotor	141
3.6	*Weiterführendes Schrifttum* (zum Kapitel Elektrotechnik)	143
4.	**Weiterführendes Schrifttum**	145
5.	**Physikalische Größen, Formelzeichen und Einheiten**	146
6.	**Sachregister**	158

Vorwort zur 1. Auflage

Die Technisierung unserer Welt hat auch den Privathaushalt und damit unsere nächste Umgebung verändert. Nach Schätzungen ist in einem Haushalt durchschnittlicher Größe ein Betrag von etwa 20000 DM an Geräten und Maschinen investiert. Mit der Zahl von etwa 25 Millionen Haushalten in der Bundesrepublik Deutschland resultiert daraus ein mächtiger Wirtschaftsfaktor.
Nachdem der Leser dieses Buch aber bereits in den Händen hat, erscheint es müßig, ihm die Relevanz des Haushalts oder einer Haushalttechnik beweisen zu müssen. Diese könnte ja ebenso vom Durchsatz an Bruttosozialprodukt, von Hausarbeitsstunden, Unfallzahlen, vom Energie- und Rohstoffbedarf und nicht zuletzt von Umweltproblemen abgeleitet werden.
So wird es auch nicht mehr lange dauern, bis Politiker dies erkennen und stolz verkünden, was die Pioniere der Haushalttechnik schon lange wissen: Ein wichtiger Schlüssel zur Lösung von Energie-, Rohstoff- und Umweltproblemen liegt im Privathaushalt.
Dieses Buch soll für alle Studenten der Haushalts- und Ernährungswissenschaften bzw. der Ökotrophologie und für alle anderen, die sich mit der Haushalttechnik beschäftigen müssen und möchten, ein Lehrbuch und ein Nachschlagewerk sein. Ein Teil der Leser wird sich – soweit nicht schon geschehen – spontan in die Haushalttechnik verlieben, insbesondere wenn er entdeckt, wie universell das damit zusammenhängende Wissen im täglichen Leben anwendbar ist. Dem anderen Teil des Leserkreises, der bislang die Tecknik zwar genutzt hat – wer könnte dies schon vermeiden –, sonst aber der Technik uninteressiert gegenübersteht oder sie als Feind betrachtet, gilt mein besonderer Ratschlag. Die Technik ist tatsächlich vielfach zum Feind des Menschen geworden. Um aber diesen Feind zu besiegen und ihn langfristig zu beherrschen, muß man seine Sprache sprechen; und diese Sprache der Technik – zumindest der Haushalttechnik – soll Ihnen dieses Buch vermitteln.
Im ersten Drittel dieses Buches sollen grundlegende Kenntnisse in den wichtigsten naturwissenschaftlichen Disziplinen der Haushalttechnik wie Mechanik, Wärmelehre und Elektrotechnik vermittelt werden. Dieses Grundlagenkapitel kann auch als Nachschlageteil angesehen werden, um sich z. B. über die verwendeten Definitionen der einzelnen physikalischen Größen Klarheit zu verschaffen. Eine Übersicht der wichtigsten Formelzeichen für physikalische

Größen und deren Einheiten, die konsequent im gesamten Stoff verwendet werden, findet sich am Ende des Buches.

Die Gliederung der Hauptkapitel wurde aus didaktischen Gründen vorwiegend nach der physikalischen Wirkungsweise der Geräte vorgenommen. Aus gleichen Gründen wurde auch bei den einzelnen Abschnitten der Stoff immer in gleicher Weise aufbereitet. Beim jeweiligen Gerät wird dessen Aufgabe definiert, seine grundsätzliche Funktions- und Wirkungsweise beschrieben, und diese schließlich anhand eines Beispiels detailliert besprochen. Anschließend werden in Kurzform noch weitere Bauarten charakterisiert, wobei meist nur die Unterschiede zum Grundbeispiel herausgestellt werden. Auch wegen der Vielzahl der auf dem Markt befindlichen Geräte – mit den unterschiedlichen Bauformen von Waschmaschinen z. B. ließe sich ein ganzer Hörsaal füllen – wurde dieser Einteilung der Vorzug gegeben. Zudem ist die Entwicklung des Gerätemarktes derart stürmisch, daß ein stark geräte-spezifisches Wissen bereits nach kurzer Zeit veraltet wäre. Weiterhin sollen mit diesem Buch dem Leser technische und naturwissenschaftliche Begriffe und Methoden als universelle „Werkzeuge" ausgehändigt werden. Es war auch nicht erforderlich, alle Geräte zu besprechen, was schon an Platzmangel gescheitert wäre; denn das hier vermittelte Wissen kann konsequent auch auf die übrigen Geräte und Maschinen des Haushalts oder auch auf zukünftige Geräte angewandt werden. Wird der Umgang mit diesen „Werkzeugen" entsprechend geübt, so ist es leicht möglich, mit ihrer Hilfe Geräte zu beurteilen, optimal zu betreiben und bei Neuentwicklungen von Geräten zukunftsorientiert mitzuwirken. Dem Verlag Eugen Ulmer danke ich für seinen Mut, dieses neue Fachgebiet in seine Sammlung aufzunehmen und den komplexen Stoff in einem Taschenbuch unterzubringen. Meinen Mitarbeitern, Fräulein cand. Dipl. oec. troph. Gabriele Nesselhauf und Herrn Stud.-Ref. für Math./Phys. Hans Riegler danke ich für die große Hilfe bei der Abfassung des Manuskriptes und beim Erstellen der vielen Zeichnungen. Ferner danke ich allen meinen Studenten aus München-Weihenstephan und aus Saarbrücken für ihre fruchtbare Mitarbeit in Vorlesungen, Übungen und Praktika des Fachgebietes Haushalttechnik.

München-Weihenstephan, August 1978   Horst Pichert

Vorwort zur 2. Auflage

In vorliegendem Grundlagenteil zur 2. Auflage des Fachbuches Haushalttechnik wurden zahlreiche Verbesserungen umgesetzt:
- alle Formelzeichen für physikalische Größen sind nun in Kursivdruck
- einige Begriffe wurden international angepaßt (z. B. Permittivität anstelle von Dielektrizitätszahl)
- verschiedentlich wurden weitere Anwendungsbeispiele eingefügt
- die Theorie zur Mikrowellenerwärmung von Lebensmitteln wurde in den Grundlagenteil übernommen
- zu allen Kapiteln wird jetzt weiterführendes Schrifttum angegeben.

Mit den drei tragenden Säulen: **„Mechanik, Wärmelehre, Elektrotechnik"** kann dieses Buch für alle Studenten technisch-naturwissenschaftlicher Disziplinen wie Maschinenbau, Elektrotechnik oder Bauingenieurwesen ein nützliches Nachschlagewerk werden. Unabdingbar ist es für Haushalts- und Ernährungswissenschaftler (Diplomstudiengang – Ökotrophologie) und für Berufsschullehrer aller Nahrungsberufe sowie für angehende Lebensmitteltechnologen.

Zur 2. Auflage gab mein Fachkollege Dipl.-Ing. Horst Dürr viele Anregungen und Verbesserungsvorschläge, für die ich Ihm besonders danken möchte.

Das Vorwort aus der 1. Auflage wurde noch beigefügt, belegt es zudem das zukunftsweisende Konzept der Haushalttechnik. Vor 20 Jahren wurde beispielsweise schon die Umweltrelevanz der Haushalte festgestellt. Nur zögernd bestätigt die „Politik" die Bedeutung der Haushalte für Wirtschaft und Gesellschaft. Die zu erwartende Kostensteigerung im Gesundheitswesen (z. B. über die Pflegeversicherung) wird Hauswirtschaft und Haushalttechnik zusätzlich neuen Auftrieb geben.

Bislang gibt es in der BRD noch keinen Lehrstuhl für „Technik im Haushalt", vielleicht fehlt deswegen noch die wissenschaftliche Anerkennung dieses neuen Fachgebietes. Andererseits besitzt gerade die „Haushalttechnik" den interdisziplinären und ganzheitlichen Charakter, der im Bildungswesen, in der Wissenschaft und in der Forschung zunehmend gefordert wird.

München, August 1995   Horst Pichert

1. Mechanik

1.1 Grundbegriffe

1.1.1 Kraft

Formelzeichen: F, SI-Einheit: Newton (N), $1\,\text{N} = 1\,\text{kg m/s}^2$.

Eine Kraft ist eine Einwirkung auf einen Körper, die diesen halten, belasten oder in Bewegung setzen kann. Vielfach ist die Einwirkung auf eine bestimmte Stelle (Angriffspunkt der Kraft) lokalisiert; kontinuierlich verteilte Kräfte kann man zu einer gemeinsamen Kraft in einem Angriffspunkt zusammenfassen. So erfährt im Schwerefeld der Erde ein Körper mit der Masse m die Gewichtskraft

$$F_G = m\,g, \tag{1.1}$$

deren Angriffspunkt man sich im *Schwerpunkt* vorstellt, obwohl das Gravitationsfeld auf jedes Massenelement des Körpers wirkt. Hierin ist g die vom geographischen Ort abhängige Fallbeschleunigung ($g \approx 9{,}81\,\text{m/s}^2$).

Wird diese Gleichung von der Bewegung der Masse m her betrachtet, so stellt sie ein wichtiges empirisches Grundgesetz der Mechanik dar. Um einen Körper geradlinig zu beschleunigen, muß die Kraft

$$F_B = m\,a \tag{1.2}$$

in Richtung der Beschleunigung wirken, wobei

mit
$$m = \text{Masse des Körpers}$$
$$a = \frac{dv}{dt} = \frac{d^2 s}{dt^2} = \text{Beschleunigung} \tag{1.3}$$
$$v = \frac{ds}{dt} = \text{Geschwindigkeit} \tag{1.4}$$
$$s = \text{Weg}.$$

In diesem Zusammenhang wird auch von einer „Trägheits-Kraft" gesprochen. Als eigentliche Grundgröße ist jedoch die Masse m festgelegt, wogegen die Kraft

12 Grundbegriffe

eine abgeleitete Größe ist. (Die sieben *Basisgrößen* des Internationalen Einheitensystems, wie es z. B. in DIN 1301 festgelegt ist, sind: Länge, Masse, Zeit, elektrische Stromstärke, thermodynamische Temperatur, Stoffmenge und Lichtstärke.)

Bei rotierenden Systemen, auch wenn diese gleichförmig schnell rotieren, treten grundsätzlich immer Kräfte auf.

Auf eine Masse m mit ihrem Massenmittelpunkt im Abstand r_m von der Drehachse wirkt die *Zentrifugalkraft*

$$F_Z = m r_m \omega^2, \tag{1.5}$$

mit $$\omega = \frac{d\varphi}{dt} \tag{1.6}$$

und φ = Drehwinkel (Bogenmaß).

Die *Winkelgeschwindigkeit* ω ergibt sich auch aus der Drehfrequenz f des rotierenden Systems mit

$$\omega = 2\pi f. \tag{1.7}$$

Eine Kraft wird eindeutig beschrieben durch: Betrag (Zahlenwert), Richtung (Wirkungslinie) und Richtungssinn (Vorzeichen).

Derartige Größen können mathematisch durch Vektoren beschrieben und im allgemeinen mit Hilfe der Vektorrechnung analytisch behandelt werden. Im folgenden werden die Vektoreigenschaften zeichnerisch erfaßt. Die Kraft wird dabei durch einen Pfeil (Vektorpfeil) mit Wirkungslinie und Richtung dargestellt, dessen Länge dem Betrag entspricht (Abb. 1.1).

Andere Beispiele für Kräfte: Muskelkraft, Federkraft, Kraft im elektrischen Feld, Magnetkraft.

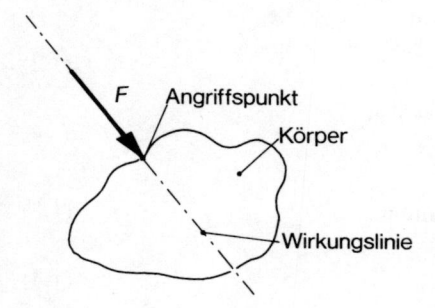

Abb. 1.1. Geometrisches Bild eines Kraftvektors F.

1.1.2 Drehmoment

Formelzeichen: M, SI-Einheit: Joule (J), (N m), 1 J = 1 N m.

Eine Kraft F erzeugt für einen Bezugspunkt P, der den kürzesten (senkrechten) Abstand r von der Wirkungslinie der Kraft aufweist, das Moment

$$M_P = r\,F. \tag{1.8}$$

Es kann durch einen Vektor beschrieben werden, der senkrecht auf der Ebene steht, in der r und F liegen (Abb. 1.2). Der Richtungssinn des Momentenvektors wird mit Hilfe der sogenannten *Rechtsschraubenregel* ermittelt: Dreht man eine Schraube mit Rechtsgewinde, deren Längsachse mit der Wirkungslinie von M_P zusammenfällt, entsprechend der Kraftwirkung, so schraubt sie sich im Richtungssinn des Vektorpfeiles vorwärts.

Die Wirkungslinie des Momentenvektors ist bei Haushaltsgeräten konstruktiv, meist durch Lagerungen von drehenden Teilen, vorgegeben (z. B. Drehachse einer Handkurbel).

Neben diesen statisch zu behandelnden Fällen gibt es auch bei Momenten dynamische Vorgänge. Während bei einer geradlinigen Beschleunigung nur die Masse des Körpers in die Berechnung eingeht, ist bei beschleunigten Drehbewegungen auch die Massenverteilung des zu beschleunigenden Körpers zu berücksichtigen. Um einen drehbar gelagerten Körper zu beschleunigen, ist das Moment

$$M = J\,\varepsilon \tag{1.9}$$

erforderlich, wobei

$\qquad J = $ Trägheitsmoment des Körpers bezüglich der Drehachse

$$\varepsilon = \frac{d\omega}{dt} = \frac{d^2\varphi}{dt^2} = \text{Winkelbeschleunigung} \tag{1.10}$$

mit $\qquad \omega = $ Winkelgeschwindigkeit

$\qquad \varphi = $ Drehwinkel.

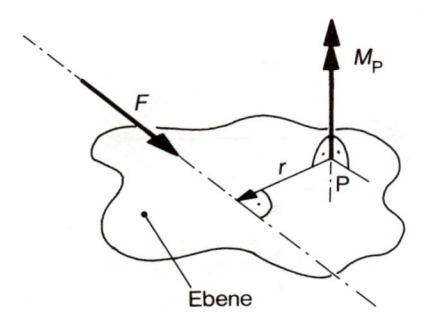

Abb. 1.2. Geometrisches Bild eines Momentenvektors M_P, den die Kraft F bezüglich des Punktes P erzeugt.

Das Trägheitsmoment eines Körpers ist in Abhängigkeit seiner Massenverteilung zu berechnen, für geometrisch einfache Körper kann es auch Tabellenbüchern entnommen werden: z. B. für eine kreiszylindrische Scheibe aus homogenem Material mit der Masse m und dem Durchmesser D errechnet sich bezüglich der Figurenachse das Trägheitsmoment

$$J = \frac{1}{8} m D^2. \tag{1.11}$$

1.1.3 Gleichgewicht

Kraft- oder Momentenvektoren lassen sich nach Regeln der Vektorrechnung addieren und subtrahieren.
Zeichnerisch: mittels Parallelogramm bzw. Polygon (Abb. 1.3).
Rechnerisch: durch Addition der entsprechenden Komponenten in einem kartesischen (rechtwinkligen) Koordinatensystem (Abb. 1.4). So gilt beispielsweise

$$F_{\text{ges x}} = F_{1x} + F_{2x}, \tag{1.12}$$

analog gilt dies für die y- und z-Richtung.
In gleicher Weise lassen sich Kräfte oder Momente wieder subtrahieren oder in Komponenten zerlegen.
Ist ein Körper im Gleichgewicht, so muß gelten:

1. Kräftegleichgewicht: Die Summe aller am Körper angreifenden Kräfte ist Null, d. h. das Kräftepolygon ist geschlossen.

Beispiel: Körper am vertikalen Seil (Abb. 1.5). Der Betrag der Seilkraft F_s ist gleich dem Betrag der Gewichtskraft F_G, die Wirkungslinien fallen zusammen,

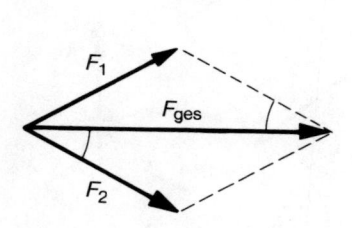

Abb. 1.3. Kräfteparallelogramm.

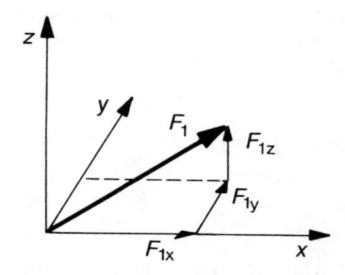

Abb. 1.4. Vektor in einem kartesischen

Gleichgewicht 15

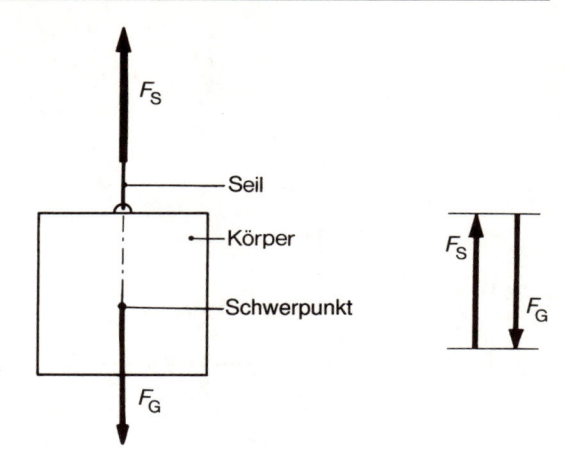

Abb. 1.5. Kräftegleichgewicht eines Körpers am vertikalen Seil.

und der Richtungssinn beider Kräfte ist entgegengesetzt. In diesem Fall „entartet" das Kräftepolygon.

Beispiel: Körper am verspannten Seil (Abb. 1.6). Die Kraftvektoren F_1, F_2 und F_G bilden ein (geschlossenes) Kräftedreieck.

2. Momentengleichgewicht: Die Summe aller am Körper angreifenden Momente ist Null. Dieses Momentengleichgewicht muß für jeden beliebigen Bezugspunkt erfüllt sein!

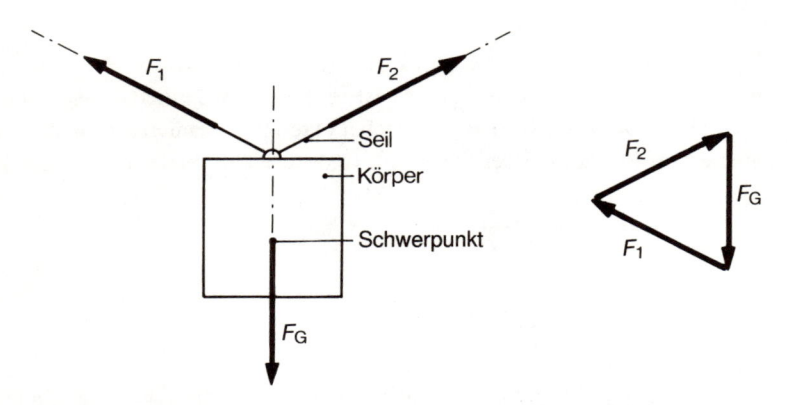

Abb. 1.6. Kräftegleichgewicht eines Körpers am verspannten Seil (Kräftepolygon).

16 Grundbegriffe

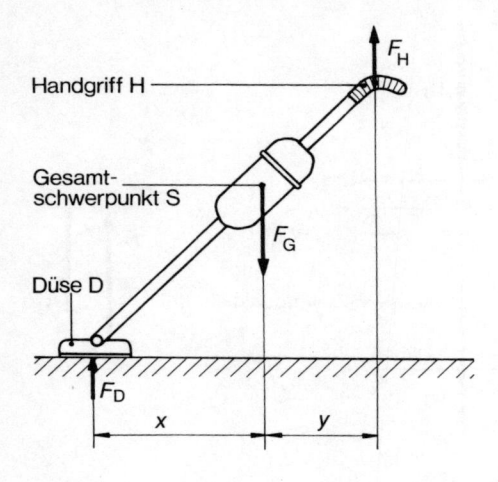

Abb. 1.7. Kräfte- und Momentengleichgewicht an einem Handstaubsauger.

Beispiel: Handstaubsauger in Ruhe (Abb. 1.7).
Momentenbezugspunkt D: Das Moment, das die Gewichtskraft F_G z. B. bezüglich D erzeugt, muß dem Moment, das die Handkraft F_H ebenfalls bezüglich D erzeugt, das Gleichgewicht halten. In mathematischer Schreibweise lautet dies:

$$x F_G - (x + y) F_H = 0. \qquad (1.13)$$

Die Stützkraft F_D an der Düse läßt sich aus dem Momentengleichgewicht für einen beliebigen Bezugspunkt (außer D) oder aus dem Kräftegleichgewicht

$$F_D - F_G + F_H = 0 \qquad (1.14)$$

berechnen.

Beispiel: Dosenöffner mit einarmigem Hebel (Abb. 1.8).
Ein Schneidstichel mit Drehgelenk ist in den Deckel einer Konservendose eingestochen. Die Handkraft F_H am Hebel erzeugt – wenn ein Zahn des Zahnsegmentes am Bördelrand der Dose Halt findet – an der Gelenklasche die Zugkraft

$$F_G = \frac{F_Z}{\cos \alpha}, \qquad (1.15)$$

wobei sich $\quad F_Z = F_H \dfrac{r + x}{r} \qquad (1.16)$

aus dem Momentengleichgewicht um den Punkt des Zahneingriffs errechnet. Die Anpreßkraft zwischen Zahn und Dosenrand, die Normalkomponente

Gleichgewicht 17

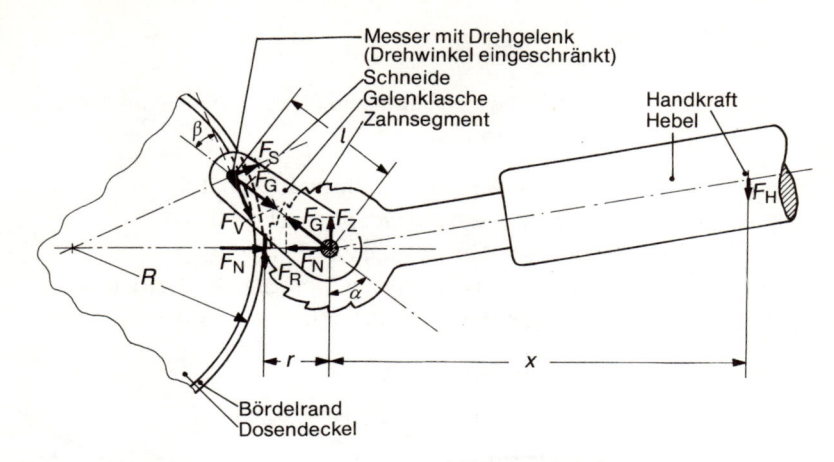

Abb. 1.8. Kräftespiel an einem Dosenöffner mit einarmigem Hebel.

$$F_N = F_Z \tan \alpha, \qquad (1.17)$$

muß hinreichend groß sein, um über das Verhaken der Zähne am Dosenrand die Haltekraft

$$F_R = F_Z - F_H \qquad (1.18)$$

zu erzeugen; andernfalls rutscht das Zahnrad.

Die Zugkraft F_G der Gelenklasche erzeugt am Schneidstichel die Seitenkraft

$$F_S = F_G \sin \beta, \qquad (1.19)$$

die diesen von innen her an den Bördelrand drückt. Dabei wird die Messerfläche tangential zum Dosenrand ausgerichtet (Winkel β).

Die Vorschubkraft

$$F_V = F_G \cos \beta \qquad (1.20)$$

erzeugt die erforderliche Flächenpressung an der Schneide, schlitzt das Blech des Dosendeckels auf und überwindet dabei vorhandene Reibungskräfte.

Die Gleichungen zeigen, daß eine große Schnittkraft F_V zwangsläufig eine entsprechend große Zugkraft F_G in der Gelenklasche erfordert, die nur durch eine hinreichend große Handkraft F_H erzeugt werden kann. Dadurch ist gleichzeitig eine große Normalkomponente F_N vorhanden, die die Zähne stark an den Dosenrand preßt.

18 Grundbegriffe

1.1.4 Getriebe

Der Gleichgewichtsbegriff läßt sich anschaulich zur Berechnung der Kräfte und Momente eines Getriebes einsetzen.

Beispiel: Kettengetriebe für Backofen-Drehspieß (Abb. 1.9).
Momentengleichgewicht am Antriebsrad: $M_k - r_k F_k = 0$.
Momentengleichgewicht am Abtriebsrad: $r_g F_g - M_g = 0$.
(Die Momente M_k und M_g sind die äußeren Momente des Getriebes.)
Kräftegleichgewicht am gespannten Kettenteil: $F_k - F_g = 0$.

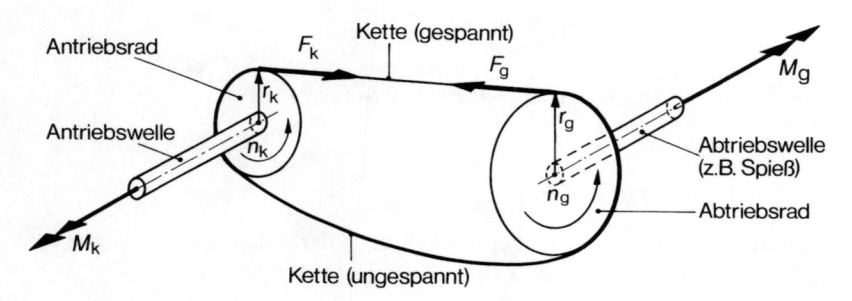

Abb. 1.9. Kettengetriebe für Backofen-Drehspieß (Schema).

Aus diesen drei Gleichungen erhält man das Abtriebsmoment

$$M_g = M_k \frac{r_g}{r_k}. \tag{1.21}$$

Es ist demnach – bei Vernachlässigung der Reibungsverluste – um den Faktor r_g/r_k größer als das Antriebsmoment. Dies gilt auch für den Fall, daß die Kette beidseitig gespannt ist (vorgespannte Kette).

Bei einer vollständigen Umdrehung des Abtriebsrades wird jedes Kettenglied um die Strecke

$$l = 2r_g \pi \tag{1.22}$$

mitbewegt ($\pi \approx 3{,}14$). Dazu muß das Antriebsrad jedoch r_g/r_k Umdrehungen ausführen. Dieses Verhältnis wird auch als Untersetzungsverhältnis der Drehgeschwindigkeiten bezeichnet. Dreht sich das Antriebsrad mit der Drehfrequenz n_k (DIN 1301: Umdrehungsfrequenz = Kehrwert der Umlaufdauer), so rotiert das Abtriebsrad mit

$$n_g = n_k \frac{r_k}{r_g}. \tag{1.23}$$

Es zeigt sich also, daß eine Vergrößerung des Momentes zu einer Verkleinerung der Drehfrequenz führt und umgekehrt (Energieerhaltungssatz).

Von der Vielzahl der Getriebebauarten finden bei Hausgeräten vorwiegend folgende Verwendung: Getriebe mit Ketten, Flachriemen, Keilriemen, Zahnriemen, Reibräder, Zahnräder, Schnecken sowie seltener stufenlose Getriebe.
Tabelle 1.1 gibt über verschiedene Eigenschaften dieser Getriebe Auskunft.

1.2 Feste Körper

1.2.1 Spannung

Formelzeichen: σ bzw. τ, SI-Einheit: Pascal (Pa), $(\frac{N}{m^2})$, $1\,Pa = 1\,\frac{N}{m^2}$.

Belasten Kräfte einen Körper, so werden an seiner Oberfläche und in seinem Inneren Spannungen erzeugt (Abb. 1.10). Mit der Annahme, daß die Spannung in der Querschnittsfläche A gleichmäßig verteilt ist und daß A senkrecht zur Wirkungslinie der Kräfte F_1 und F_2 liegt, ergibt sich mit $F_1 = F_2 = F$ die Normalspannung

$$\sigma_l = \frac{F}{A}. \tag{1.24}$$

Im gezeichneten Beispiel ist für $F > 0$ (d. h. positive Kraft oder Zugkraft) die Normalspannung σ positiv (Zugspannung). Für $F < 0$ (Druckkraft) ist die Normalspannung negativ (Druckspannung).
Betrachtet man eine Querschnittsfläche, welche parallel zu den Wirkungslinien der Kräfte liegt, wie es z. B. bei Klebeverbindungen (Abb. 1.11) oder im Querschnitt von Schrauben- und Nietschäften (Abscherung) meist üblich ist, so ergibt sich die Schubspannung

$$\tau = \frac{F}{A}. \tag{1.25}$$

Für eine beliebige Lage der Querschnittsfläche A treten im allgemeinen Normalspannungen und Schubspannungen gleichzeitig auf. Bildet diese neue Be-

20 Feste Körper

Tab. 1.1. Getriebe, die in der Haushalttechnik Verwendung finden, mit ihren wichtigsten Merkmalen.

Geräte mit	Skizze des Getriebes	Übertragungsglied	Herstellungskosten			Spannvorrichtung notwendig		Schmierung		Schlupf		Betriebssicherheit		Geräusch			Übertragbare Leistung			Bemerkung	Anwendungsbeispiel
			klein	mittel	hoch	nein	ja	nein	ja	nein	ja	groß	klein	klein	mittel	groß	groß	mittel	klein		
Ketten				●		●	●		●	●		●				●		●		Bei niedrigen Drehzahlen kann Spannvorrichtung entfallen.	Backofen-Drehspieß
Flachriemen			●				●	●			●		●	●					●	Fettfrei halten! Evtl. Riemenwachs	Wäschetrockner-Trommelantrieb
Keilriemen			●			●		●			●		●	●				●		Die Betriebssicherheit und die übertragbare Leistung kann bei mehreren Riemen wesentlich gesteigert werden.	Waschmaschine-Trommelantrieb

Typ	Schema	Beispiel	Eigenschaften	Anwendung
Zahnriemen	(Skizze)	(Detail)	● ● ● ● ● ● ● ●	Falls Riemen ohne Vorspannung montiert wird, ist ebenfalls Spannvorrichtung notwendig.	Küchenmaschine
Reibräder	(Skizze)	(Detail)	● ● ● ● ● ●	Werkstoffpaarung meist hart und weich (Gummi). Fettfrei halten! Schaltmöglichkeit	Plattenspieler
Zahnräder	(Skizze)	(Detail)	● ● ● ● ● ● ● ●	Achsenanordnung auch unter anderen Winkeln z. B. Winkelgetriebe. Schaltmöglichkeit	Schneidemaschine
Schnecken	(Antrieb/Abtrieb Skizze)	(Detail)	● ● ● ● ● ● ●	Große Untersetzungen möglich, selbsthemmend.	Handrührgerät

22 Feste Körper

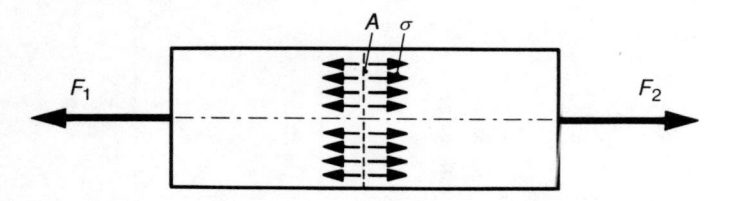

Abb. 1.10. Spannungen in einem einachsig belasteten Zugstab.

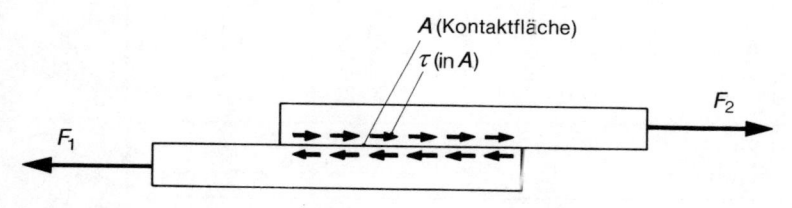

Abb. 1.11. Spannungen in der Kontaktfläche einer Klebeverbindung bei einachsiger Belastung.

zugsfläche mit der ursprünglichen, zur Wirkungslinie senkrechten Fläche (vgl. Abb. 1.10) den Winkel φ, so beträgt die Normalspannung

$$\sigma_\varphi = \frac{\sigma_1}{2}(1 + \cos 2\varphi) \qquad (1.26)$$

und die Schubspannung

$$\tau_\varphi = \frac{\sigma_1}{2}\sin 2\varphi. \qquad (1.27)$$

Für den gewählten Sonderfall des einachsigen Spannungszustandes zeigt diese letzte Beziehung, daß z. B. die maximale Schubspannung beim Winkel $\varphi = 45°$ auftritt.

Jeder Werkstoff hält nur einer bestimmten Spannung (σ_{zul}, τ_{zul}) bzw. einem bestimmten Spannungszustand (Überlagerung von σ und τ) stand. Wird eine von beiden überschritten, so kommt es zum Bruch oder zu einer bleibenden Verformung. Der tatsächlich gefährdete Querschnitt eines belasteten Körpers ergibt sich vielfach aus der Lage von Schwachstellen, herrührend von Verjüngungen, Bohrungen, Kerben und Verbindungsstellen wie Schweißnähte, Lötnähte und Klebeflächen.

Wirken direkt Momente oder ist der Kraftangriff derart, daß Momente entstehen, so ist die Spannungsverteilung über den Querschnitt im allgemeinen nicht konstant.

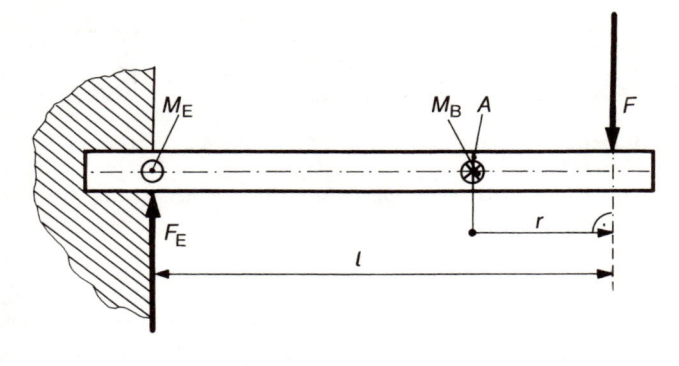

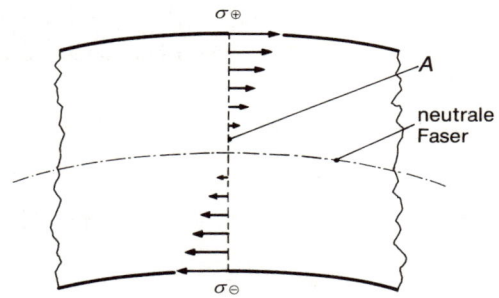

Abb. 1.12. Momente und Spannungen in einer einseitig fest eingespannten Wäschestange.

Teil der Stange bei *A*; stark vergrößert und übertrieben gekrümmt

Beispiel: Wäschestange (Abb. 1.12).
Ein Stab ist an einem Ende eingespannt und am anderen Ende mit der Kraft F belastet. Damit Gleichgewicht herrscht, muß an der Einspannstelle neben der Kraft F_E noch das Moment $M_E = lF$ wirken. In der beliebig gewählten Querschnittsfläche A, die den (senkrechten) Abstand r von der Wirkungslinie der Kraft F besitzt, wirkt das Moment (Biegemoment)

$$M_B = rF, \qquad (1.28)$$

das den Stab zu krümmen versucht. (Die Wirkungslinie des Momentenvektors steht senkrecht auf der Stablängsachse.) Dadurch ergibt sich im Querschnitt A eine ungleiche Verteilung der Normalspannungen. Oberhalb der sogenannten neutralen Faser des Stabes herrschen dabei Zugspannungen und unterhalb Druckspannungen. Die Kraftübertragung wird demnach hauptsächlich von den oberen und unteren Randzonen des Querschnitts übernommen, während in der Nähe der neutralen Faser der Werkstoff nur wenig beansprucht, d. h. wenig genutzt wird.

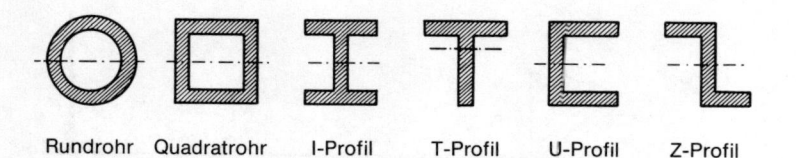

Rundrohr Quadratrohr I-Profil T-Profil U-Profil Z-Profil

Abb. 1.13. Verschiedene Querschnittsformen biegebelasteter Bauteile (–·– Lage der neutralen Faser).

Deshalb weisen Bauteile, die ähnlich wie im Beispiel belastet werden, vielfach spezielle Querschnittsformen (Profile) auf (Abb. 1.13). Für den jeweiligen Querschnitt läßt sich ein Biege-Widerstandsmoment W_B angeben. So gilt beispielsweise für einen symmetrisch belasteten Rechteck-Vollquerschnitt der Breite b und der Höhe z

$$W_B = \frac{1}{6} b z^2. \tag{1.29}$$

Die am Rand auftretende maximale Normalspannung berechnet sich zu

$$\sigma_{max} = \frac{M_B}{W_B}. \tag{1.30}$$

Im Beispiel Wäschestange wächst das Biegemoment M_B, mit dem die Querschnittsfläche A belastet wird, mit größer werdendem Abstand r von der Kraft F linear an. Am Kraftangriffspunkt ($r=0$) ist $M_B=0$, an der Einspannstelle ($r=l$) ist $M_B=M_E$. Um ähnlich wie bei der Profilform den Werkstoff besser auszunützen (Materialersparnis), ist es oft zweckmäßig, die Querschnittsfläche, z. B. durch die Höhe H, diesem Momentenverlauf anzunähern (Abb. 1.14 und 1.15).

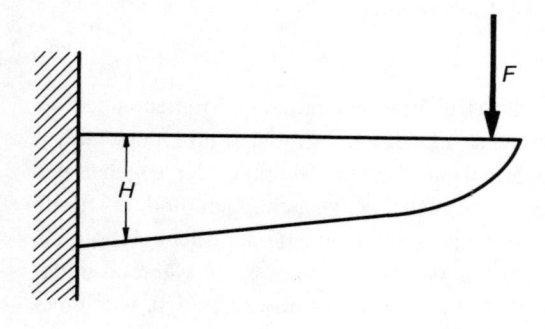

Abb. 1.14. Wandkonsole.

Spannung 25

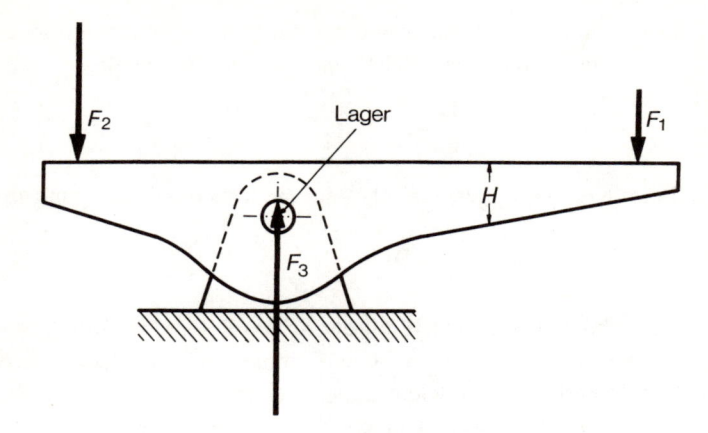

Abb. 1.15.
Zweiarmiger
Hebel mit
Lagerung.

Wird ein Stab durch die Drehmomente M_{T1} und M_{T2} derart belastet, daß die Wirkungslinien der Momentenvektoren mit seiner Längsachse zusammenfallen, so treten in seiner Querschnittsfläche Schubspannungen auf (Abb. 1.16).
Das Drehmoment ist nunmehr an jeder Stelle längs des Stabes gleich.
Das Drehmoment M_T (Torsionsmoment) versucht den Stab zu tordieren (verwinden), was besonders die äußere Randzone des Stabes beansprucht.

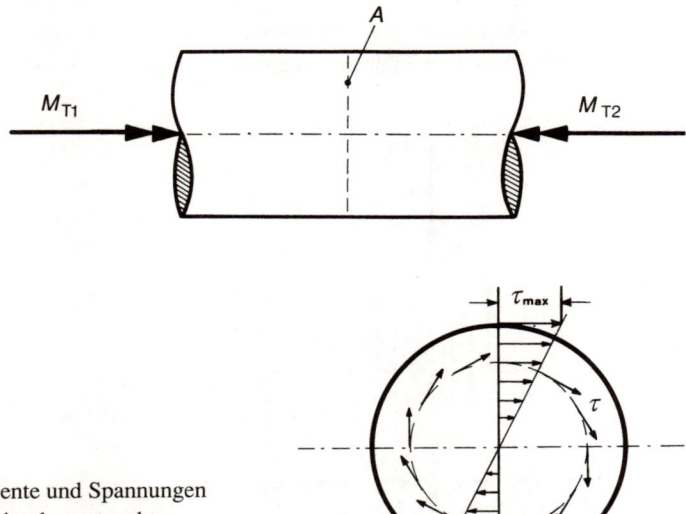

Abb. 1.16. Momente und Spannungen bei einer auf Torsion beanspruchten Welle. Wellenquerschnitt bei A vergrößert dargestellt.

Daher nimmt die Schubspannung τ im Querschnitt von innen nach außen zu, wobei für die maximale Schubspannung am Rande gilt:

$$\tau_{max} = \frac{M_T}{W_T}. \tag{1.31}$$

Beim Kreis-Vollquerschnitt beträgt das Torsions-Widerstandsmoment

$$W_T = \frac{1}{16} \pi D^3 \tag{1.32}$$

und erhöht sich demnach mit der dritten Potenz des Durchmessers D. Die Widerstandsmomente anderer Querschnitte sind Tabellenbüchern zu entnehmen. Um Material und Gewicht zu sparen, werden auch hier vielfach zylindrische Hohlwellen (Rohre) und andere Hohlprofile verwendet.

1.2.2 Flächenpressung

Formelzeichen: p_A, SI-Einheit: $\frac{N}{m^2}$.

Werden an den Berührflächen zweier Körper Druckkräfte übertragen, so tritt eine Flächenpressung auf (Abb. 1.17). Im allgemeinen ist die Flächenpressung wegen der Unebenheiten der Berührflächen oder wegen einer außermittigen Resultierenden F_N (außerhalb des sogenannten Flächenschwerpunktes von A) ungleich verteilt. In vielen Fällen ist aber die Annahme einer gleichmäßigen Ver-

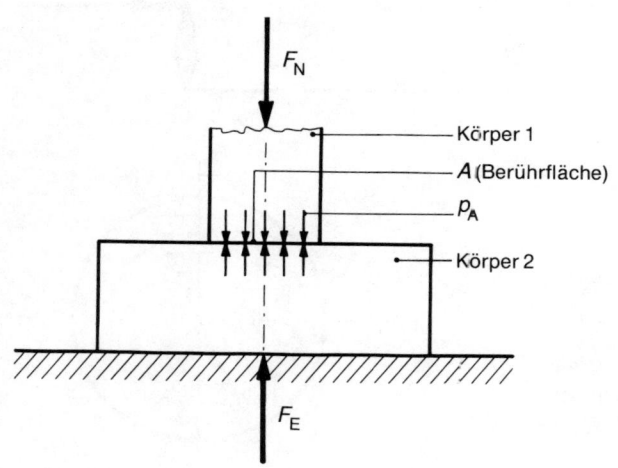

Abb. 1.17. Flächenpressung bei zwei Körpern mit ebener Berührfläche.

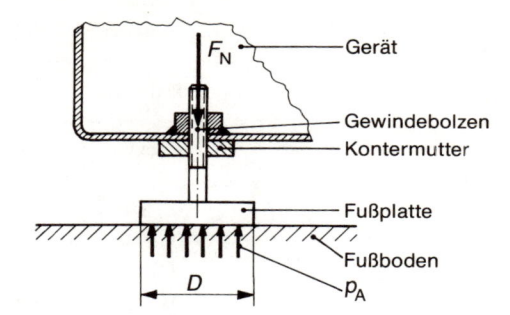

Abb. 1.18. Gerätefuß.

teilung eine brauchbare Näherung. Die resultierende Normalkraft F_N (senkrecht zur Berührfläche A) erzeugt die Flächenpressung

$$p_A = \frac{F_N}{A}. \qquad (1.33)$$

Jeder Werkstoff hält ohne bleibende Verformung nur einer bestimmten Flächenpressung stand.

Beispiel: Gerätefuß (Abb. 1.18).
Die Fußplatte mit dem Durchmesser D, welche mit der Kraft F_N belastet ist, erzeugt die Flächenpressung

$$p_A = \frac{4 F_N}{\pi D^2}. \qquad (1.34)$$

Darf der Fußboden nur mit einer kleinen Flächenpressung beaufschlagt werden (z. B. nachgiebiger Kunstoff-Belag), so muß – bei vorgegebener Kraft F_N – der Durchmesser D der Fußplatte hinreichend groß sein.

1.2.3 Reibung

Berühren sich zwei Körper in der gemeinsamen Kontaktfläche A und herrscht dort eine Flächenpressung, die von der senkrecht zur Fläche A wirkenden Kraft F_N erzeugt wird, so entsteht bei einer *Relativbewegung* der Flächen gegeneinander die Reibungskraft

$$F_R = \mu F_N. \qquad (1.35)$$

Dabei ist μ die *Reibungszahl* (Gleitreibung), welche hauptsächlich von der Materialpaarung und von den Rauhigkeiten der Flächen abhängig ist. Mittels

Feste Körper

Tab. 1.2. Reibungszahlen verschiedener Materialpaarungen.

Materialpaarung	Haftreibungszahl μ_o		Gleitreibungszahl μ	
	trocken	geschmiert	trocken	geschmiert
Stahl auf Stahl	0,15–0,3	0,1	0,1	0,01–0,07
Stahl auf Eis	0,03	–	0,01	–
Holz auf Holz	0,5	0,2	0,3	0,1
Leder auf Metall	0,6	0,2	0,2	0,1
Gummi auf Asphalt	0,8	0,2	0,5	0,1

Schmiermittel können diese Rauhigkeiten etwas ausgeglichen werden, oder die Körper besitzen keinen direkten Kontakt mehr (Schmierfilm). In diesem Fall ist die Reibungszahl sehr klein. Die Reibungskraft bei nicht-trockener Reibung ist dann allerdings mit anderen Gesetzen zu beschreiben, wobei die Viskosität des Schmiermittels, die Fläche und die Geschwindigkeit zu berücksichtigen sind.

Um bei der trockenen Reibung aus dem Ruhestand heraus Körper gegeneinander zu bewegen (Haftreibung), ist die Haftreibungszahl μ_o maßgebend. Ist die Bewegung bereits vorhanden, so ist die Gleitreibungszahl μ einzusetzen (Tab. 1.2). Es gilt grundsätzlich:

$$\mu \leq \mu_o. \tag{1.36}$$

Die Richtung der Reibungskraft ist immer der Bewegung oder der angestrebten Bewegung entgegengesetzt.

Beispiel: Gerät auf horizontaler Unterlage (Abb. 1.19).

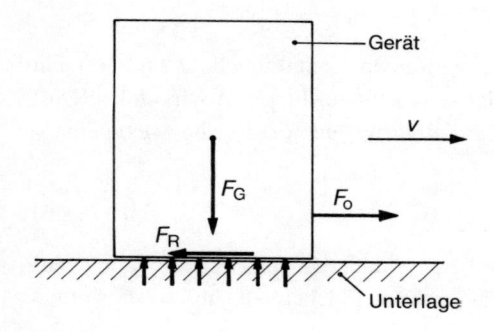

Abb. 1.19. Gerät auf horizontaler Unterlage.

Ein Gerät mit dem Gewicht F_G liegt auf einer horizontalen Unterlage. Um es in Bewegung zu setzen, muß zunächst die Kraft F_o (Startkraft) wirken, deren Betrag mindestens gleich dem Betrag der Haftreibungskraft

$$F_{Ro} = \mu_o F_G \tag{1.37}$$

ist. Um den Körper anschließend mit der Geschwindigkeit v gleichförmig zu bewegen (v = konst), ist die zu v parallele Kraft

$$F_R = \mu F_G \tag{1.38}$$

erforderlich.

Diese Kraft ist meist kleiner als die zunächst notwendige „Startkraft" F_o (wegen $\mu \leq \mu_o$), da auch makroskopisch glatt erscheinende Kontaktflächen sich im Stillstand ineinander „verhakt" haben und erst voneinander getrennt werden müssen, bis sie aufeinander gleiten können. Dadurch und wegen Elastizitäten im System kommt es vielfach zu Schwingungen. Diese *Reibungsschwingungen* treten z.B. bei Möbeln auf, die auf Böden verschoben werden, oder führen zu Quietschgeräuschen in schlecht geschmierten Lagern.

Eine Verkleinerung der Berührfläche, z.B. durch Anbringen von Gerätefüßen, ändert im allgemeinen nicht die Größe der Reibungskräfte. Ist die Flächenpressung jedoch so groß, daß die Füße stark in die Unterlage einsinken, so gelten die beschriebenen Reibungsgesetze nicht mehr. Die Flächen verhaken sich, ähnlich wie bei einer Verzahnung (z.B. Flügelrad-Dosenöffner).

Um Körper möglichst leicht gegeneinander verschieben oder drehen zu können, verwendet man meist Rollen, Räder oder Lager. Bei den dabei auftretenden Bewegungswiderständen handelt es sich um die sogenannte *rollende Reibung* (z.B. Kugellager).

Beispiel: Ermittlung der Haftreibungszahlen von Werkstoffpaarungen.
Die einfachste Methode ist ein quaderförmiger Körper (Werkstoff A), der durch sein eigenes Gewicht auf einer geneigten Ebene (Werkstoff B) ins Gleiten kommt. Die Werkstoffe A und B können auch auf dem Körper und der Ebene nur an der Kontaktfläche aufgebracht sein (z.B. aufgeklebt). Ausgehend von der Horizontalen C (Winkel $\alpha = 0°$) wird die Ebene immer stärker geneigt, bis sich der Körper beim Neigungswinkel α_o aus dem Ruhezustand heraus gerade in Bewegung setzt (Abb. 1.20).

In diesem Grenzfall gilt:

$$F_H = F_R, \tag{1.39}$$

30 Feste Körper

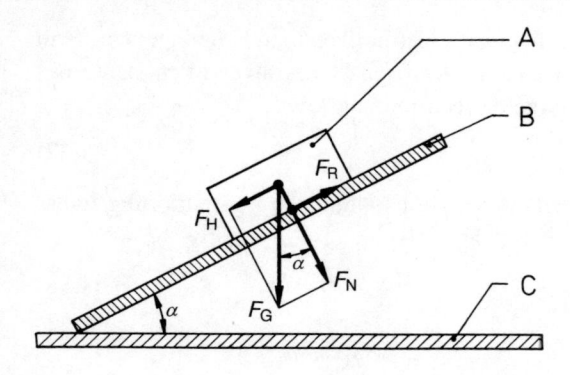

Abb. 1.20. Kräftespiel an einem Körper A auf schiefer Ebene B, als Platte geneigt (α) gegenüber Horizontale C.

wobei sowohl F_H (Hangabtriebskraft) als auch F_R (Reibungskraft) von α abhängen:

$$F_H = F_G \sin \alpha_o \qquad (1.40)$$
$$F_R = \mu_o F_N = \mu_o F_G \cos \alpha_o. \qquad (1.41)$$

Faßt man die Gleichungen 1.39, 1.40 und 1.41 zusammen, so gilt:

$$F_G \sin \alpha_o = \mu_o F_G \cos \alpha_o. \qquad (1.42)$$

oder $\qquad \mu_o = \dfrac{\sin \alpha_o}{\cos \alpha_o} = \tan \alpha_o. \qquad (1.43)$

Damit ist über den Neigungswinkel α_o die Haftreibungszahl μ_o bestimmt.

Gleitet der Körper mit gleichförmiger Geschwindigkeit, so gilt mit gleicher Rechnung für die Gleitreibungszahl

$$\mu = \tan \alpha. \qquad (1.44)$$

Wegen Gleichung (1.36) gilt

$$\alpha \leq \alpha_o \qquad (1.45)$$

und im Experiment müßte i. a. der Neigungswinkel nach Rutschbeginn sogleich wieder reduziert werden, damit der Körper mit gleichförmiger Geschwindigkeit gleitet. Einfacher ist es, zur Ermittlung der Gleitreibungszahl das System mit der Werkstoffpaarung A–B leicht vibrieren zu lassen, indem man beispielsweise mit dem Finger an die schiefe Ebene klopft.

1.3 Flüssigkeiten

1.3.1 Druck

Formelzeichen: p, SI-Einheit: Pascal (Pa), $1\,\text{Pa} = 1\,\dfrac{\text{N}}{\text{m}^2}$.

Wird ein Kolben, der in einem glatten Zylinder dichtend gleitet, mit der positiven Kraft F belastet, so übt die Kolbenfläche A auf die im Zylinder eingeschlossene Flüssigkeit (oder das Gas) einen Druck aus. Ist die Wirkungslinie der Kraft F parallel zur Zylinderachse, so ergibt sich (unter Vernachlässigung der Schwerkraft sowie der Reibung) der Druck

$$p = \frac{F}{A}. \tag{1.46}$$

Dieser Druck entspricht einem *homogenen Spannungszustand*, ist an jeder Stelle der Zylinderwand und im Inneren der Flüssigkeit gleich groß und wirkt nur senkrecht zur Wand. Dies gilt auch für beliebig geformte Zylinder bzw. Gefäße.

Beispiel: Hydraulische Presse (Abb. 1.21).
Unter Vernachlässigung jeglicher Reibung und des Gewichtes der Flüssigkeit gilt:

$$p = \frac{F_k}{A_k} = \frac{F_g}{A_g}, \tag{1.47}$$

somit $\quad F_g = F_k \dfrac{A_g}{A_k}. \tag{1.48}$

Bewegt sich der kleine Kolben um den Weg x_k in den Zylinder hinein, so wird der große Kolben um den Weg

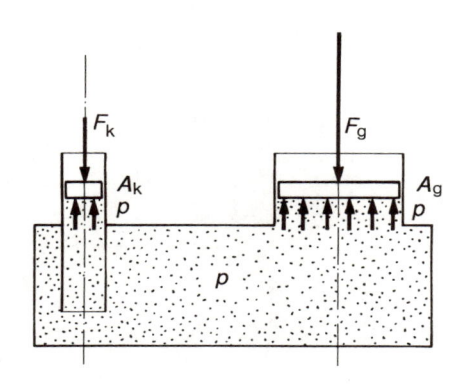

Abb. 1.21. Hydraulische Presse (Schema).

$$x_g = x_k \frac{A_k}{A_g} \qquad (1.49)$$

herausgeschoben (Flüssigkeit ist praktisch inkompressibel).

Es zeigt sich also, daß eine Vergrößerung der Kraft eine Verkleinerung des Wegs mit sich bringt. Diese Aussage ist Bestandteil des Energieerhaltungssatzes der Mechanik.
Die Arbeit

$$W_k = F_k \, x_k, \qquad (1.50)$$

(vgl. Kap. 1.4.1) die der kleine Kolben an der Flüssigkeit leistet, wird am großen Kolben mit

$$W_g = F_g x_g \qquad (1.51)$$

wieder abgegeben. Mit $W_k = W_g$ ist

$$F_k x_k = F_g x_g \qquad (1.52)$$

und bestätigt die bisherige Rechnung.

In einem oben offenen Gefäß steht eine Flüssigkeit (oder ein Gas) unter dem Luftdruck p_o der Umgebung. Dieser Druck pflanzt sich ebenfalls ins Innere der Flüssigkeit fort (Abb. 1.22). Bei Berücksichtigung der Schwerkraft addiert sich hierzu noch der sogenannte hydrostatische Druck

$$p_h = (z_o - z) \, \varrho \, g \qquad (1.53)$$

wobei $\quad \varrho = $ Dichte der Flüssigkeit (oder des Gases)
$g = $ Fallbeschleunigung.

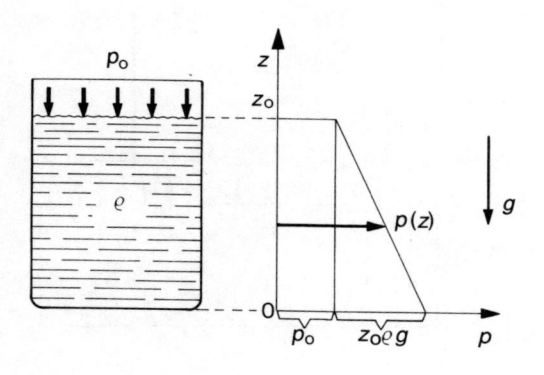

Abb. 1.22. Druckverlauf in einem oben offenen, mit Flüssigkeit gefüllten Gefäß.

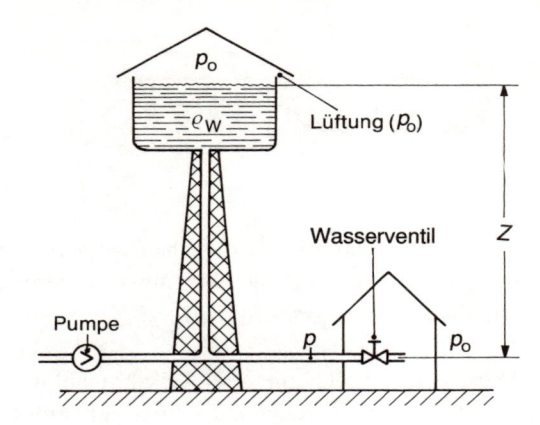

Abb. 1.23. Wasserturm und Hausanschluß (Schema).

Damit berechnet sich der absolute Druck

$$p = p_o + p_h = p_o + (z_o - z)\varrho g. \tag{1.54}$$

Diese Beziehung ist ebenfalls unabhängig von der Form des Gefäßes (hydrostatisches Paradoxon).

Beispiel: Wasserturm (Abb. 1.23).
Wenn das Wasser in Ruhe ist, steht am Wasserhahn der statische Druck

$$p = p_o + Z \varrho_W g \tag{1.55}$$

an, wobei ϱ_W die Dichte des Wassers ist. Da am Wasserhahnaustritt ebenfalls der Luftdruck p_o anliegt (die Änderung des Luftdruckes wegen des Höhenunterschiedes Z wird vernachlässigt), steht am Wasserhahn der Überdruck

$$p_ü = Z \varrho_W g \tag{1.56}$$

zur Verfügung.

1.3.2 Kontinuitätsgleichung

Unter der Voraussetzung der Inkompressibilität, was bei Flüssigkeiten sehr gut und bei Gasen mit niedrigen Geschwindigkeitsbereich angenähert zutrifft, gilt die Kontinuitätsgleichung

$$A_1 v_1 = A_2 v_2 \tag{1.57}$$

oder
allgemein $\quad A_i v_i = \text{konst}$

34 Flüssigkeiten

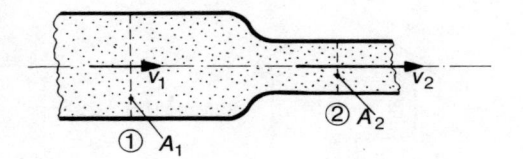

Abb. 1.24. Strömung eines inkompressiblen Mediums in einem Rohr.

(Abb. 1.24). Dabei ist A_i die Fläche des i-ten Querschnittes und v_i die Strömungsgeschwindigkeit des Mediums an dieser Stelle, wobei v_i als gleich groß innerhalb A_i angenommen wird.

Beispiel: Im Sprüharm einer Geschirrspülmaschine fließt das Wasser relativ langsam, durch die enge Düse hingegen strömt es mit hoher Geschwindigkeit aus.

1.3.3 Bernoullische Gleichung

Unter den Voraussetzungen Reibungsfreiheit und Inkompressibilität (wie bei Kontinuitätsgleichung, Kap. 1.3.2) läßt sich über Energiebetrachtungen die Gleichung von Bernoulli ableiten. Mit ihr lassen sich Geschwindigkeits- und Druckverhältnisse in einem unverzweigten, luftblasenfreien Rohrsystem berechnen.

Sie besagt:
Statischer Druck + Höhendruck + Bewegungsdruck = konst.

oder $\quad p \quad + \quad z \varrho g \quad + \quad \dfrac{1}{2} \varrho v^2 \quad = $ konst. $\qquad$ (1.58)

Dabei $\quad p =$ Absolutdruck
$\quad\quad\quad z =$ geodätische Höhe über Bezugsebene
$\quad\quad\quad \varrho =$ Dichte der Flüssigkeit
$\quad\quad\quad g =$ Fallbeschleunigung $\approx 9{,}81 \text{ m/s}^2$
$\quad\quad\quad v =$ Strömungsgeschwindigkeit.

Beispiel: Behälter mit Abflußleitung (Abb. 1.25).
Für die Querschnitte 1, 2 und 3 gilt:

$$p_1 + z_1 \varrho g + \frac{1}{2} \varrho v_1^2 = p_2 + z_2 \varrho g + \frac{1}{2} \varrho v_2^2 =$$
$$p_3 + z_3 \varrho g + \frac{1}{2} \varrho v_3^2. \qquad (1.59)$$

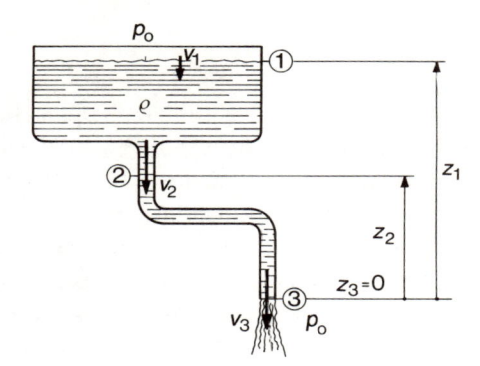

Abb. 1.25. Flüssigkeitsgefüllter
Behälter mit Abflußleitung (Schema).

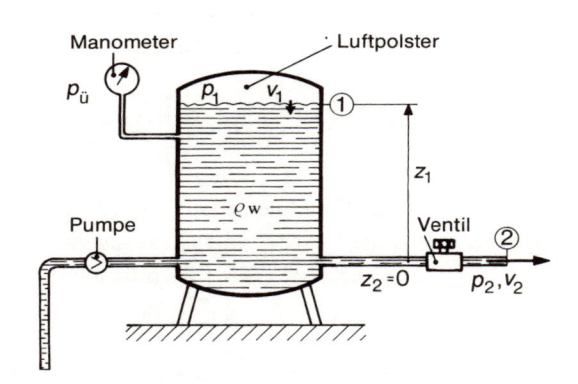

Abb. 1.26. Druckkessel einer
Hauswasseranlage (Schema).

Wegen $p_1 \approx p_3 \approx p_0$, $z_3 = 0$ und $v_1 \ll v_3$ (Kontinuitätsgleichung) beträgt z. B. die Ausströmgeschwindigkeit

$$v_3 \approx \sqrt{2\,g\,z_1} \tag{1.60}$$

Beispiel: Druckkessel einer Hauswasseranlage (Abb. 1.26).
Die Bernoullische Gleichung zwischen den Querschnitten 1 und 2 ergibt mit $p_2 = p_0$, $z_2 = 0$ und $v_1 \ll v_2$:

$$p_1 + z_1\,\varrho_w\,g = p_0 + \frac{1}{2}\,\varrho_w\,v_2^2. \tag{1.61}$$

Mit dem Überdruck $p_{\ddot{u}}$, den das Manometer anzeigt, wobei

$$p_1 = p_0 + p_{\ddot{u}}, \tag{1.62}$$

beträgt die Ausströmgeschwindigkeit

36 Flüssigkeiten

$$v_2 = \sqrt{2\left(\frac{p_{\ddot{u}}}{\varrho_w} + z_1 g\right)}.\tag{1.63}$$

Beispiel: Sprühdüse einer Geschirrspülmaschine.
Die Umwälzpumpe der Geschirrspülmaschine drückt über ein Rohrsystem Wasser in den Sprüharm und dieses tritt an der Sprühdüse mit der Geschwindigkeit v aus (vgl. Abb. 1.24 Ausströmgeschwindigkeit v_2). Durch Schrägstellung der Düsenachse gegenüber der Drehachse des Sprüharmes kommt es durch Rückstoßkräfte zur selbständigen Rotation des Sprüharmes (Rückstoßprinzip). Die Absolutgeschwindigkeit v des Sprühstrahls in der Maschine besitzt deswegen i. a. einen geringeren Wert als die (relative) Ausströmgeschwindigkeit; außerdem beeinflussen Fallbeschleunigung und Luftreibung den Strahl.
Trifft dieser Flüssigkeitsstrahl mit der Geschwindigkeit v senkrecht auf ein Hindernis (z. B. auf ein Schmutzteilchen), so wird auf dieses ein Druck (Staudruck) von der Größe

$$p_S = \frac{\varrho \, v^2}{2}\tag{1.64}$$

ausgeübt. Während die Dichte ϱ der Flüssigkeit in diese Gleichung nur linear eingeht, besitzt die Geschwindigkeit v quadratischen Einfluß. (Abb. 1.27). Entsprechend der wirksamen Fläche A greift somit am Schmutzteilchen eine Kraft

$$F = p_S A\tag{1.65}$$

an, die das Teilchen entgegen den Haltekräften (z. B. Haftkraft F_R) wegzuschieben versucht.

Erweiterte Bernoullische Gleichung:
Läßt sich die Voraussetzung der Reibungsfreiheit nicht aufrechterhalten, so kann man mit Hilfe des Druckverlustes Δp die Bernoullische Gleichung erweitern. Um diesen Druckverlust erniedrigt sich von einem Betrachtungs-Querschnitt zum andern – in Richtung der Strömung – der Gesamtdruck. Der Druckverlust ist abhängig von Strömungsgeschwindigkeit, Fläche und Form des Querschnittes sowie Wandrauhigkeit und Länge des „Stromfadens" zwischen den Bezugsquerschnitten.

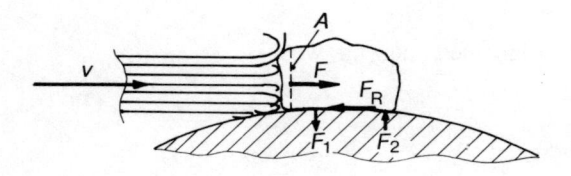

Abb. 1.27. Kraftwirkung auf ein Schmutzteilchen bei Beaufschlagung durch einen Flüssigkeitsstrahl mit der Geschwindigkeit v.

1.4 Arbeit und Leistung

1.4.1 Arbeit

Formelzeichen: W, SI-Einheit: Joule (J), (N m).

Wirkt eine Kraft F längs des sehr (infinitesimal) kleinen Wegstückes ds und ist ihre Wirkungslinie parallel zu diesem Wegstück, so erbringt die Kraft die Arbeit

$$dW = F \, ds \text{ (Differential der Arbeit).} \tag{1.66}$$

Dabei ist die Arbeit positiv, wenn F und ds den gleichen Richtungssinn aufweisen, andernfalls ist sie negativ. Ist die Kraft F außerdem längs des gesamten Weges s konstant, so ergibt sich die Arbeit

$$W = F \, s. \tag{1.67}$$

Diese Beziehung zeigt auch, daß eine kleine Kraft bei großem Weg dieselbe Arbeit erzielen kann, wie eine große Kraft bei kleinem Weg. Wirkt die Kraft F schräg zum Weg s, so darf nur die Komponente der Kraft berücksichtigt werden, deren Wirkungslinie wiederum parallel zum Weg ist (Tangentialkomponente).

Beispiel: Transportschlitten einer Schneidemaschine (Abb. 1.28).
Die Arbeit errechnet sich aus:

$$W = F_T \, s = F \, s \cos \alpha, \tag{1.68}$$

während die Normalkomponente F_N der Kraft keine Arbeit liefert, da Kraft und Weg senkrecht zueinander stehen.

Ist die Kraft F längs des Weges s von s_1 bis s_2 nicht konstant oder ändert sich der Winkel zwischen Kraft und Weg, so muß integriert werden. Lassen sich diese

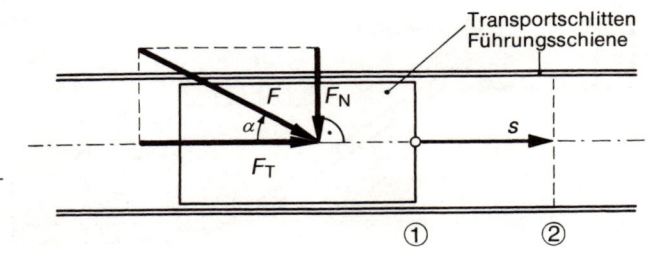

Abb. 1.28. Transportschlitten einer Schneidemaschine.

Abhängigkeiten vom Weg s in den Ausdrücken $F(s)$ und $\alpha(s)$ mathematisch erfassen, so errechnet sich die Arbeit

$$W = \int_{s=s_1}^{s=s_2} F(s) \cos \alpha(s) \, ds. \tag{1.69}$$

Wirkt ein konstantes Drehmoment M über einen Drehwinkel φ, so leistet es die Arbeit

$$W = M \varphi, \tag{1.70}$$

wobei hinsichtlich des Richtungssinnes und des Winkels zwischen Wirkungslinie des Momentenvektors und Drehachse analoge Voraussetzungen wie im Falle von Kraft und Weg gelten. Ebenso führt die Berechnung der Arbeit bei variablen Momenten und Winkeln zu Integralen.

1.4.2 Potentielle Energie

Formelzeichen: E_p, SI-Einheit: Joule (J), (N m).

Befindet sich ein Körper mit der Masse m in der Höhe z über einem Bezugsniveau, so besitzt er die potentielle Energie

$$E_p = m \, g \, z \tag{1.71}$$

(g = Fallbeschleunigung).
Diese Energie entspricht der Arbeit, die aufgewendet werden müßte, um den Körper um die Höhe z entgegen der Schwerkraft anzuheben.

Beispiel: Pumpspeicher-Kraftwerk (Abb. 1.29).
Fließt eine Wassermasse m, die im Oberbecken zunächst die potentielle Energie $E_p = m \, g \, Z$ besitzt, durch die Rohrleitung und Turbine in das Unterbecken, so er-

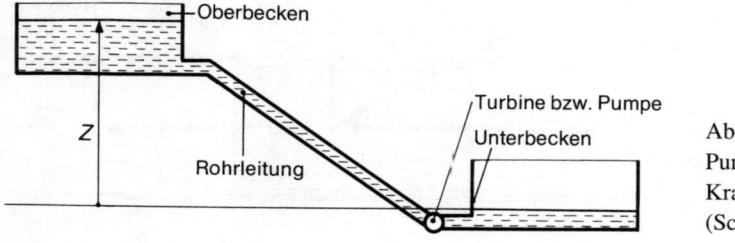

Abb. 1.29. Pumpspeicher-Kraftwerk (Schema).

bringt sie im Idealfall (keine Reibung, Turbinen-Wirkungsgrad $\eta = 100\%$) die Arbeit

$$W = E_p. \tag{1.72}$$

Umgekehrt muß die Pumpe dieselbe Arbeit verrichten, um das Wasser wieder hochzupumpen.

Befindet sich ein elastischer Körper im deformierten Zustand, so ist in ihm eine potentielle Energie gespeichert.

Beispiel: Druckfeder (Abb. 1.30).
Ist die Feder aus ihrer ungespannten Lage ($x=0$) durch eine zunehmende Kraft $F(x)$ in die gespannte Lage ($x=x_E$) gebracht worden, so wurde dabei die Arbeit

$$W = \int_{x=0}^{x=x_E} F(x) \, dx \tag{1.73}$$

aufgewendet. Dies entspricht der (gespeicherten) potentiellen Energie E_p, die z. B. zum Antrieb eines Uhrwerks wieder genutzt werden kann.
Bei einer proportional wirkenden Feder mit der Federkonstante

$$c = \frac{dF}{dx} = \text{konst} \tag{1.74}$$

ist im vorliegenden Fall

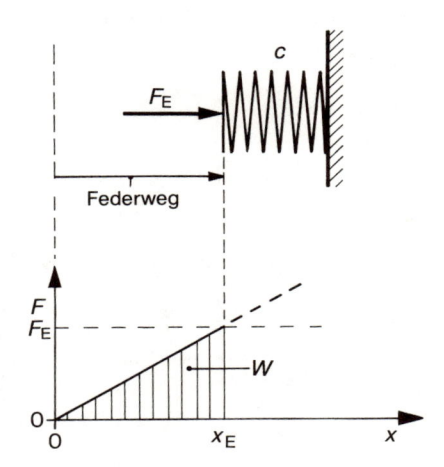

$$F(x) = c\,x, \tag{1.75}$$

Abb. 1.30. Druckfeder: Kraft F und gespeicherte Arbeit W in Abhängigkeit des Federweges x (Endstellung x_E).

und die Lösung des Integrals lautet

$$E_p = \frac{1}{2} c\, x_E^2 = \frac{1}{2} F_E\, x_E. \tag{1.76}$$

Dies entspricht der Dreiecksfläche im F, x-Diagramm (Abb. 1.30).

1.4.3 Kinetische Energie

Formelzeichen: E_k, SI-Einheit: Joule (J), (N m).

Bewegt sich ein Körper der Masse m geradlinig mit der Geschwindigkeit v, so besitzt er die kinetische Energie (Translationsenergie)

$$E_k = \frac{1}{2} m\, v^2. \tag{1.77}$$

Beispiel: Hammer und Nagel (Abb. 1.31).
Die menschliche Hand beschleunigt den Hammer (Masse m), so daß dieser mit der Geschwindigkeit v auf den Nagel trifft und diesen ein Stück in die Wand treibt. Bleibt der Hammer nach dem Schlag auf dem Nagelkopf ruhig liegen ($v = 0$), so wird dabei die gesamte kinetische Energie

$$E_k = \frac{1}{2} m\, v_2 \tag{1.78}$$

in Verformungsarbeit, bzw. in Wärme umgesetzt.
Federt oder prallt der Hammer mit der Geschwindigkeit v_E zurück, so beträgt die umgesetzte Energie

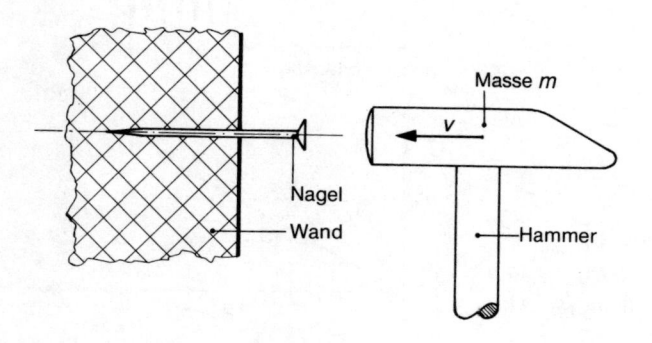

Abb. 1.31. Eintreiben eines Nagels in eine Wand mittels Hammer.

$$W = \frac{1}{2} m (v^2 - v_E^2). \qquad (1.79)$$

Rotiert ein Körper mit der Winkelgeschwindigkeit ω um eine feste Drehachse, so besitzt er die kinetische Energie (Rotationsenergie)

$$E_k = \frac{1}{2} J \omega^2. \qquad (1.80)$$

Dabei ist J das Trägheitsmoment des Körpers bezüglich dieser Drehachse (vgl. Kap. 1.1.2).

Beispiel: Rotor eines Universalmotors für Mixer (Abb. 1.32).
Der zylindrische Rotor eines Universalmotors besitzt die homogen verteilte Masse m, den Durchmesser D und dreht sich mit der Winkelgeschwindigkeit ω in seinen Lagern. Mit dem Trägheitsmoment nach Gleichung 1.11 besitzt das System die kinetische Energie

$$E_k = \frac{1}{16} m D^2 \omega^2. \qquad (1.81)$$

Wird der Strom des Antriebsmotors ausgeschaltet, so dreht sich der Rotor samt Messer noch so lange (Auslaufzeit), bis die gesamte Energie E_k durch Reibung des Messers im Mixgut sowie durch Lager- und Luftreibung in Wärme umgesetzt ist.

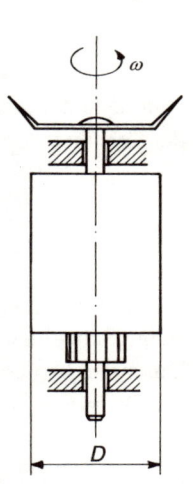

Abb. 1.32. Rotor eines Universalmotors mit aufgesetztem Messer für einen Mixer (Schema).

1.4.4 Leistung

Formelzeichen: P, SI-Einheit: Watt (W), $1\text{ W} = 1\,\frac{\text{J}}{\text{s}}$.

Bezieht man eine gleichmäßig erbrachte Arbeit auf die dazu benötigte Zeit t, so errechnet sich die Leistung

$$P = \frac{W}{t}. \tag{1.82}$$

Wird die Arbeit W nicht gleichmäßig erbracht, sondern ändert sich mit der Zeit t, so ist auch die Leistung zeitabhängig. Ihren Momentanwert erhält man aus dem Differentialquotienten

$$P(t) = \frac{\mathrm{d}W}{\mathrm{d}t}. \tag{1.83}$$

Wird diese Arbeit durch eine konstante Kraft längs des Weges s erzeugt, so gilt unter entsprechenden Voraussetzungen wie bei der Berechnung der Arbeit (siehe Kap. 1.4.1)

$$P = \frac{F\,\mathrm{d}s}{\mathrm{d}t}. \tag{1.84}$$

Mit der Geschwindigkeit $v = \mathrm{d}s/\mathrm{d}t$ läßt sich auch schreiben:

$$P = F\,v. \tag{1.85}$$

Analog läßt sich aus einem Drehmoment M und einer Winkelgeschwindigkeit ω die Leistung

$$P = M\,\omega \tag{1.86}$$

errechnen.

Beispiel: Handangetriebene Schneidemaschine (Abb. 1.33).
Beim Schneiden eines Lebensmittels wirkt an der Schneidscheibe mit dem Durchmesser D die Umfangskraft F_U (Innere Kraft). An der Scheibe muß somit das Drehmoment

$$M_2 = \frac{D}{2} F_\mathrm{U} \tag{1.87}$$

aufgebracht werden.

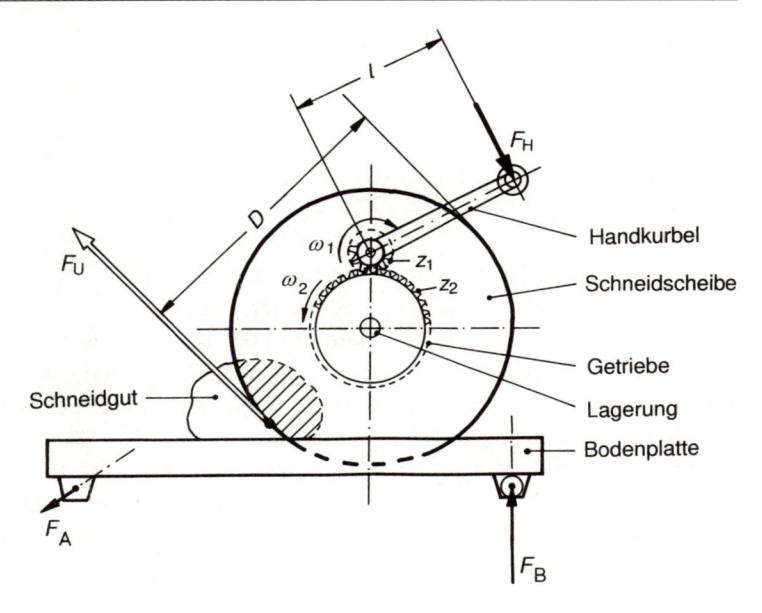

Abb. 1.33. Kräftespiel an handangetriebener Schneidemaschine (ohne Gerätegehäuse; Eigengewicht vernachlässigt).

Wird die Handkurbel ständig gedreht, z.B. mit zwei Umdrehungen in der Sekunde, so beträgt die Drehfrequenz $n_1 = 2/s$ und die Winkelgeschwindigkeit am kleinen Zahnrad

$$\omega_1 = 2 \pi n_1. \tag{1.88}$$

Durch das Zahnradgetriebe mit den Zähnezahlen z_1 und z_2 ergibt sich an der Messerscheibe die Winkelgeschwindigkeit

$$\omega_2 = \omega_1 \frac{z_1}{z_2}. \tag{1.89}$$

Gemäß Gleichung 1.86 und mit den Gleichungen 1.87, 1.88 und 1.89 errechnet sich an der Scheibe die Leistung

$$P = M_2 \omega_2 = \frac{D}{2} F_U \omega_1 \frac{z_1}{z_2}. \tag{1.90}$$

Bei Vernachlässigung der Reibungsverluste in Lager und Getriebe muß an der Handkurbel (Länge l) dieselbe Leistung

$$P = M_1 \omega_1 = l F_H \omega_1 \tag{1.91}$$

erbracht werden. Daraus ergibt sich eine erforderliche Handkraft

$$F_H = \frac{D}{2l} F_U \frac{z_1}{z_2}, \qquad (1.92)$$

die auch einer Berechnung über das Kräfte- bzw. Momentengleichgewicht entspricht.

Dieses letzte Beispiel des Grundlagenteils zur Mechanik gestattet neben der „Leistung" auch eine Betrachtung des Kräftegleichgewichts.
Während die Messerkraft F_U als innere Kraft mit anderen inneren Kräften (nicht gezeichnet) im Gleichgewicht ist, muß die Handkraft F_H mit den beiden anderen äußeren Kräften F_A und F_B an den Fußleisten im Gleichgewicht sein (vgl. Kap. 1.1.3: Gleichgewicht). Vernachlässigt man das Eigengewicht der Schneidemaschine, so zeigt sich, daß F_A als Zugkraft auftritt. In einer anderen Knebelstellung z. B. 180° weitergedreht, könnte dies auch für F_B gelten. Solche Schneidemaschinen – aber auch andere handangetriebene Küchenmaschinen – müssen demnach sicher befestigt werden.

1.5 Weiterführendes Schrifttum
(zum Kapitel Mechanik)

GROSS, D.; HAUGER, W. und SCHNELL, W.: Formel- und Aufgabensammlung zur technischen Mechanik. Bd. 1: Statik. 3. Aufl. Berlin: Springer, 1992
– Bd. 2: Elastostatik. 3. Aufl. Berlin: Springer, 1990
– Bd. 3: Kinetik. 3. Aufl. Berlin: Springer, 1991
HAGEDORN, P.: Technische Mechanik. Bd. 1: Statik. Frankfurt am Main: Harri Deutsch, 1989
– Bd. 2: Festigkeitslehre. Frankfurt am Main: Harri Deutsch, 1990
– Bd. 3: Dynamik. Frankfurt am Main: Harri Deutsch, 1990
MAGNUS, K.: Schwingungen: Eine Einführung in die theoretische Behandlung von Schwingungsproblemen. 4. Aufl. Stuttgart: Teubner, 1986
MAGNUS, K.; MÜLLER, H. H.: Grundlagen der Technischen Mechanik. 6. Aufl. Stuttgart: Teubner, 1990
MÜLLER, H. H.; MAGNUS, K.: Übungen zur technischen Mechanik. 3. Aufl. Stuttgart: Teubner, 1988
NORM DIN 1305 Jan. 1988. Masse, Wägewert, Kraft, Gewichtskraft, Gewicht, Last, Begriffe
PICHERT, H.: Schneidwerkzeuge im Haushalt: Aufbau, Wirkungsweise, Gebrauchstauglichkeit. In: Hauswirtsch. Wiss. 26 (1978), Nr. 6, S. 268–273
SZABO, I.: Einführung in die Technische Mechanik. 8. Aufl. Berlin: Springer, 1984

2. Wärmelehre

2.1 Energieübertragung

In der Wärmelehre wird üblicherweise die thermodynamische Temperatur verwendet, die hier mit dem Formelzeichen Θ abgekürzt wird. Sie ist die in den Gesetzen der Thermodynamik zugrundeliegende Größe (vgl. auch NORM DIN 1305). Die Basiseinheit ist Kelvin, mit dem Einheitenzeichen K.
In der Haushalttechnik wird aus Gründen der Praxisnähe häufig die Celsius-Temperatur verwendet, die hier mit dem Formelzeichen ϑ abgekürzt wird. Als Einheit dient °C. Bei Temperaturdifferenzen ist auch hier grundsätzlich K zu verwenden.
Beide physikalische Größen sind definitionsgemäß über die Gleichung
$\vartheta = \Theta - \Theta_o$ (mit $\Theta_o = 273, 15\,\text{K}$) miteinander verknüpft.

2.1.1 Wärmeleitung

Besitzen zwei örtlich getrennte Punkte eines Körpers unterschiedliche Temperaturen, so fließt ein Wärmestrom vom höheren zum niedrigeren Temperaturniveau.

Beispiel: Wärmeleitung durch eine Platte (Abb. 2.1).
Der Wärmestrom $\dot{Q}$ (Wärmeenergie durch Zeit), der infolge des Temperaturunterschiedes beider Oberflächen durch die Platte fließt, errechnet sich zu

$$\dot{Q} = \frac{\lambda}{s} A (\vartheta_1 - \vartheta_2), \tag{2.1}$$

wobei λ = Wärmeleitfähigkeit des Plattenmaterials
  s = Plattendicke
  A = Plattenfläche senkrecht zur Richtung des Wärmestroms
  ϑ = Wandtemperatur.

Der Wärmestrom $\dot{Q}$ entspricht einer Leistung, weshalb als Einheit Joule/Sekunde (J/s) = Watt (W) verwendet wird.

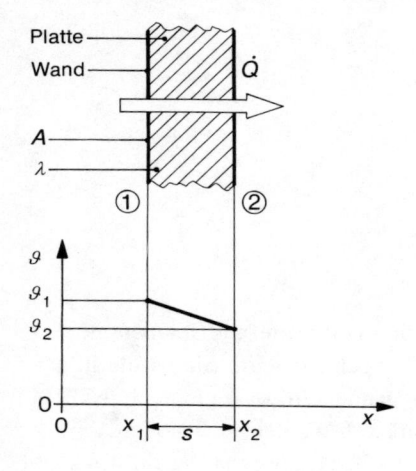

Abb. 2.1. Wärmeleitung in einer Platte.

Vielfach wird der Wärmestrom auf die Flächeneinheit bezogen, woraus sich die Wärmestromdichte

$$\frac{\dot{Q}}{A}$$

ergibt.

Die Werte für die Wärmeleitfähigkeit einiger im Haushalt verwendeter Stoffe und Lebensmittel ist in Tab. 2.1 angegeben. Da die Werte von der jeweiligen Stoffzusammensetzung (z.B. Kohlenstoffgehalt bei Stahl), der Stoffbeschaffenheit (z.B. Porosität bei Mauerwerk) und der Temperatur abhängen, können hier nur grobe Mittelwerte angegeben werden.

Die Wärmeleitfähigkeit von Luft ist sehr gering. Dies kommt allerdings nur dann zur Geltung, wenn der Wärmetransport durch Konvektion, d.h. Bewegung der Luft, verhindert wird. Bei Schaumstoffen – wie Polyurethan – wird die Luft in winzigen Kammern festgehalten und so die kleine Wärmeleitfähigkeit bei derartigen Wärmedämmstoffen ausgenutzt.

2.1.2 Wärmeübergang und Wärmedurchgang

Besteht zwischen einer Flüssigkeit oder einem Gas und einer angrenzenden Wand ein Temperaturgefälle, so fließt ein Wärmestrom. Bei diesem Wärmeübergang sind die Teilchen der Flüssigkeit oder des Gases in Bewegung und transportieren die Wärme infolge Leitung und Konvektion an die Wandoberfläche bzw. von der Wand weg.

Tab. 2.1. Wärmeleitfähigkeit λ (Nährungswerte) verschiedener Stoffe und Lebensmittel (Temperatur ≈ 20 °C).

Stoff	λ in $\dfrac{W}{m\,K}$
Silber	410
Kupfer	372
Aluminium	229
Stahl	50
Kupfernickel (Konstantan)	23
Eis (bei 0 °C)	2,2
Kesselstein (bei 100 °C)	1,5
Kiesbeton	1,28
Fensterglas	1,16
Porzellan	1,0
Ziegelmauer	0,76
Papier	0,14
Obstsäfte	0,56
Gurken	0,54
Schweinefleisch, mager	0,50
Lachs	0,50
Erdbeeren	0,49
Kartoffelpüree	0,49
Rindfleisch	0,48
Volleimasse	0,43
Schweinefleisch, fett	0,37

Beispiel: Wärmeübergang an der Wand (Abb. 2.2).
Der Wärmestrom $\dot{Q}$ vom bewegten Medium an die Wand errechnet sich zu

$$\dot{Q} = \alpha\, A\, (\vartheta_F - \vartheta_A), \tag{2.2}$$

wobei α = Wärmeübergangskoeffizient
A = Wandfläche senkrecht zur Richtung des Wärmestromes
ϑ_F = Temperatur des bewegten Mediums in großem Abstand von der Wand (Freistromtemperatur)
ϑ_A = Wandtemperatur.

Bei dieser Beziehung wurde zunächst angenommen, daß $\vartheta_F > \vartheta_A$ ist. Im umgekehrten Fall $\vartheta_F < \vartheta_A$ ergibt sich ein negativer Wert für den Wärmestrom $\dot{Q}$. Dies bedeutet lediglich, daß die Wärme entgegen dem ursprünglich angenommenen Richtungssinn (Pfeil) strömt. Diese „Automatik" gestattet bei Berech-

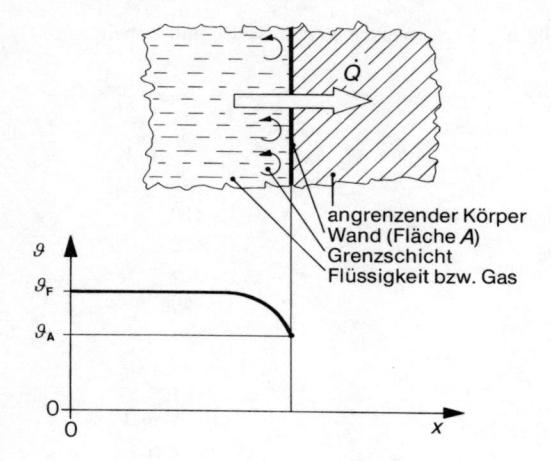

Abb. 2.2. Wärmeübergang an einer Wand.

nungsansätzen eine anfänglich willkürliche Definition des Richtungssinnes der Wärmeströme.

Der Wärmeübergangskoeffizient α ist von Oberflächenbeschaffenheit, Strömungsart (laminar oder turbulent) und Strömungsgeschwindigkeit abhängig. Wird die Bewegung des Mediums vorwiegend durch den Auftrieb verursacht, den die warmen Teilchen infolge des Dichteunterschiedes gegenüber den kalten erfahren, so spricht man von einer freien Strömung (freie Konvektion).

Wird die Bewegung des Mediums mittels Pumpen oder Gebläsen von außen aufgezwungen, so spricht man von einer erzwungenen Strömung (Zwangskonvektion).
Im letzteren Fall lassen sich wesentlich höhere Werte für den Wärmeübergangskoeffizienten α erzielen als bei freier Konvektion. Für einige spezielle Fälle läßt sich der Wärmeübergangskoeffizient berechnen. Im allgemeinen muß er durch Versuche ermittelt werden. (Größenordnungsmäßig ist bei leicht bewegter Luft: $\alpha_L \approx 20 \ \frac{W}{m^2 K}$; für bewegtes, nicht siedendes Wasser: $\alpha_W \approx 3000 \ \frac{W}{m^2 K}$).

Wird die Wärme eines bewegten Mediums durch Konvektion an die Oberfläche einer Wand übertragen (Wärmeübergang), durch einen Festkörper fortgeleitet (Wärmeleitung) und schließlich von der anderen Oberfläche des Festkörpers wieder an ein bewegtes Medium übertragen (Wärmeübergang), so spricht man von einem Wärmedurchgang. Somit handelt es sich dabei um ein gleichzeitiges Auftreten von Wärmeleitung und Wärmeübergang.

Wärmeübergang und Wärmedurchgang 49

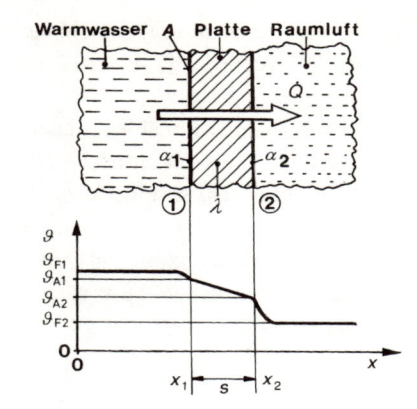

Abb. 2.3. Wärmedurchgang bei einem
Warmwasser-Heizkörper.

Beispiel: Warmwasser-Heizkörper (Abb. 2.3).
Da im stationären Fall (Temperaturen sind am jeweiligen Ort zeitlich konstant) der Wärmestrom $\dot{Q}$ an beiden Oberflächen der Wand und durch die Wand gleich groß ist, gilt:

$$\frac{\dot{Q}}{A} = \alpha_1 \, (\vartheta_{F1} - \vartheta_{A1}) = \frac{\lambda}{s} \, (\vartheta_{A1} - \vartheta_{A2}) = \alpha_2 \, (\vartheta_{A2} - \vartheta_{F2}). \tag{2.3}$$

Mit Einführung des Wärmedurchgangskoeffizienten k, der sich aus

$$\frac{1}{k} = \frac{1}{\alpha_1} + \frac{s}{\lambda} + \frac{1}{\alpha_2} \tag{2.4}$$

ergibt, erhält man den Wärmestrom

$$\dot{Q} = k \, A \, (\vartheta_{F1} - \vartheta_{F2}). \tag{2.5}$$

Die Temperaturen der Wandflächen 1 und 2 errechnen sich z. B. zu

$$\vartheta_{A1} = \vartheta_{F1} - \frac{k}{\alpha_1} \, (\vartheta_{F1} - \vartheta_{F2}) \tag{2.6}$$

$$\vartheta_{A2} = \vartheta_{F2} + \frac{k}{\alpha_2} \, (\vartheta_{F1} - \vartheta_{F2}). \tag{2.7}$$

Besteht die Wand aus mehreren Schichten (z. B. Kesselstein, Stahl, Lack), so errechnet sich der Wärmedurchgangskoeffizient k aus

$$\frac{1}{k} = \frac{1}{\alpha_1} + \sum_{i=1}^{n} \frac{s_i}{\lambda_i} + \frac{1}{\alpha_2}, \tag{2.8}$$

wobei n = Anzahl der Schichten
 s_i = Dicke der *i*-ten Schicht
 λ_i = Wärmeleitfähigkeit der *i*-ten Schicht.

(Mit dieser Beziehung läßt sich auch der Fall der reinen Wärmeleitung in einer mehrfach zusammengesetzten ebenen Platte berechnen.)

Wird ein möglichst hoher Wärmestrom $\dot{Q}$ angestrebt, so müssen die Oberfläche A, die treibende Temperaturdifferenz ($\vartheta_{F1} - \vartheta_{F2}$) oder der Wärmedurchgangskoeffizient k möglichst groß sein. Letzterer ist jedoch immer kleiner als der kleinste Wert für α oder für λ/s. Im allgemeinen ist der Wärmeübergangskoeffizient α auf der Gasseite wesentlich kleiner als auf der Flüssigkeitsseite.
Deshalb kommt bei Verbesserungen des Wärmeüberganges besonders die Gasseite in Betracht.

2.1.3 Wärmestrahlung

Ein Körper kann mit einem anderen oder mit der Umgebung Energie austauschen, auch wenn Wärmeleitung und Konvektion völlig ausgeschaltet sind, wie es z. B. in einem evakuierten Raum der Fall ist. Die Energieabgabe oder -aufnahme erfolgt dabei durch Emission oder Absorption von Wärmestrahlung, die je nach Temperatur ultrarotes, sichtbares oder ultraviolettes Licht enthält. Als ausgesprochene „Wärmestrahlung" (auch Temperatur-, Ultrarot- oder Infrarotstrahlung genannt) werden dabei elektromagnetische Wellen mit der Wellenlänge von etwa $0{,}8 \cdot 10^{-6}$ m bis $0{,}8 \cdot 10^{-3}$ m bezeichnet (vgl. Abb. 2.6). Die Wärmestrahlung pflanzt sich dabei wie alle elektromagnetischen Wellen im Vakuum mit Lichtgeschwindigkeit ($c_o \approx 3 \cdot 10^8$ m/s) fort.
Die Wärmestrahlung hängt von der Temperatur und von der Beschaffenheit der Oberfläche ab.
– Der (absolut) *schwarze Körper* absorbiert die gesamte auftreffende Strahlung (und wandelt sie in Wärme um);
– der *weiße Körper* reflektiert die gesamte Strahlung;
– der *diathermane Körper* läßt die gesamte Strahlung durch sich hindurch;
– der *graue Körper* absorbiert nur einen Teil der auftreffenden Strahlung und reflektiert den übrigen Teil.

Setzt man die Intensität der auf einen allgemeinen Körper auftreffenden Strahlung gleich 1, so gilt:

$$E_A + E_R + E_D = 1, \qquad (2.9)$$

wobei E_A = absorbierter Anteil
E_R = reflektierter Anteil
E_D = durchgelassener Anteil der Strahlung.

Beim schwarzen Körper beträgt der durch Strahlung ausgesandte Energiestrom $\dot{Q}_E$ (Emission) nach dem Gesetz von STEFAN-BOLTZMANN

$$\dot{Q}_E = C_s \, O \left(\frac{\Theta}{100}\right)^4, \qquad (2.10)$$

wobei C_s = Strahlungs-Konstante = $5{,}67 \dfrac{W}{m^2 K^4}$

O = Oberfläche des Körpers
Θ = thermodynamische Temperatur des Körpers in
$\Theta = \vartheta + 273{,}15$ K.

Die Strahlung besitzt dabei verschiedene Wellenlängen, von denen eine am intensivsten ist (Energiemaximum). Diese Wellenlänge λ_{max} berechnet sich nach dem WIENSCHEN Verschiebungsgesetz zu

$$\lambda_{max} = \frac{w}{\Theta}, \qquad (2.11)$$

wobei $w \approx 2{,}9$ mm K (gilt für Nicht- und Halbleiter;
bei Metallen: $w \approx 2{,}7$ mm K)
Θ = thermodynamische Temperatur des Körpers.

Demnach verschiebt sich mit wachsender Temperatur Θ das Maximum der Emission zu kürzeren Wellenlängen λ_{max} (Abb. 2.4).
Daher verändert auch z. B. ein glühender Körper mit steigender Temperatur seine Farbe (sichtbarer Bereich) von dunkelrot, rot, hellrot, gelb bis weiß. Die Fläche

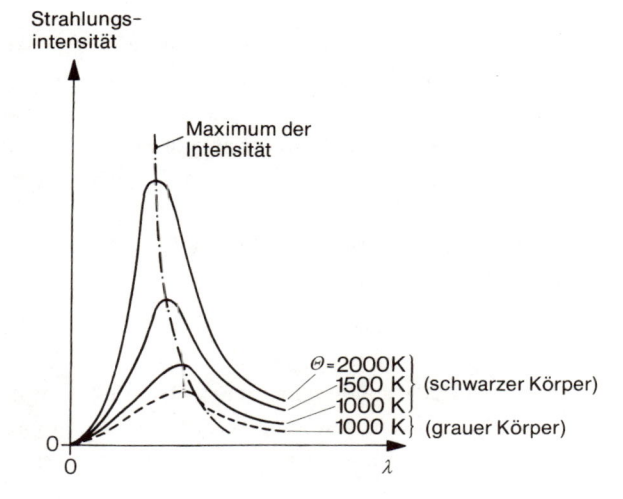

Abb. 2.4. Strahlungsintensität in Abhängigkeit der Wellenlänge λ bei verschiedenen Temperaturen Θ.

unter einer Kurve mit konstanter Temperatur ist ein Maß für die gesamte Strahlungsleistung oder für den Energiestrom bei der jeweiligen Temperatur.
Hat die Umgebung die Temperatur Θ_U und gilt $\Theta_U = \Theta$ (Temperaturgleichgewicht), so empfängt und absorbiert der schwarze Körper durch Strahlung einen Energiestrom von der gleichen Größe wie $\dot{Q}_E$.
Besitzt hingegen die Umgebung eine andere Temperatur als der schwarze Körper, so entsteht eine Differenz zwischen der ausgesandten und der empfangenen Strahlung, so daß vom Körper an die Umgebung der (Differenz-) Energiestrom

$$\dot{Q} = C_s \, O \, [(\frac{\Theta}{100})^4 - (\frac{\Theta_U}{100})^4] \qquad (2.12)$$

fließt.

Während ein absolut schwarzer Körper (Index s) die gesamte auftreffende Strahlung absorbiert (Absorptionsgrad $\Lambda_s = 1$), absorbiert ein grauer Körper (Index r) nur einen Teil der Strahlung (Absorptionsgrad Λ_r) und reflektiert den Rest $(1-\Lambda_r)$. Das Verhältnis

$$\varepsilon = \frac{\Lambda_r}{\Lambda_s} = \frac{\Lambda_r}{1} = \Lambda_r \qquad (2.13)$$

wird als Absorptionsgrad (oder Schwärzegrad) bezeichnet und kann maximal den Wert 1 annehmen.
Nach dem Strahlungsgesetz von KIRCHHOFF ergibt sich analog für das Verhältnis der Energieströme (Emissionsvermögen) der Emissionsgrad

$$\varepsilon = \frac{\dot{Q}_r}{\dot{Q}_s}. \qquad (2.14)$$

Besitzt ein Körper ein großes Absorptionsvermögen, so ist auch sein Emissionsvermögen groß und umgekehrt. Die Emissionsgrade von Oberflächen lassen sich mit dem menschlichen Auge (sichtbares Licht) nur schwer abschätzen (Tab. 2.2). So ist das Emissionsvermögen von glasiertem Porzellan dem des schwarzen Körpers fast gleichwertig, obwohl es dem Auge sehr hell erscheint.

Mit dem Emissionsgrad ε lautet das Gesetz von STEFAN-BOLTZMANN beim grauen Körper

$$\dot{Q}_E = \varepsilon \, C_s \, O \, (\frac{\Theta}{100})^4. \qquad (2.15)$$

Viele Gegenstände aus dem Bereich der Haushalttechnik sind als graue Körper zu behandeln oder lassen sich zumindest annähern. Lediglich bei Metallen (ohne Beschichtung!) wäre die fünfte Potenz der Temperatur Θ maßgebend. Zur Vereinfa-

Wärmestrahlung 53

Tab. 2.2. Emissionsgrad ε verschiedener Oberflächen bei der Temperatur ϑ.

Oberfläche	ϑ in °C	ε
Schwarzer Lack, matt	80	0,97
Glas	90	0,94
Holz (Buche)	70	0,935
Prozellan	20	0,93
Heizkörperlack	100	0,925
Eisen, verrostet	20	0,85
Eisen, blank	20	0,24
Aluminium, walzblank	170	0,04
Kupfer, poliert	20	0,03
Silber	20	0,02

chung wird diese Abweichung meist im Emissiongrad ε berücksichtigt, der dann allerdings immer von der Temperatur abhängt. Weiterhin weisen Metalle, Metalloxide, aber auch Gase und Dämpfe im Gegensatz zum schwarzen oder grauen Körper eine ungleichmäßige Intensitätsverteilung auf (selektive Strahlung). So existieren Wellenlängenbereiche, in denen nahezu die Intensität der schwarzen Strahlung und solche, in denen nur ein Bruchteil derselben erreicht wird.

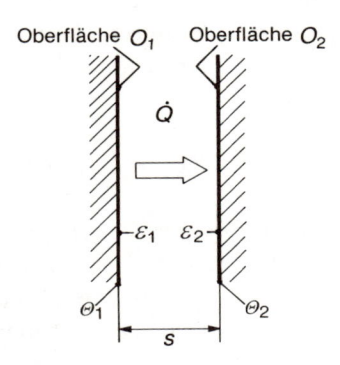

Abb. 2.5. Strahlung zwischen zwei Flächen.

Strahlungsaustausch zwischen zwei Flächen
a) Sind zwei *gegenüberliegende, parallele Flächen* gleich groß (Oberfläche $O_1 = O_2$) und ist der Abstand $s \ll O_1$, so ist der Einfluß der seitlichen Begrenzung zu vernachlässigen (Abb. 2.5). Von der Fläche 1 (Temperatur Θ_1) fließt zur Fläche 2 (Temperatur Θ_2) der (Differenz-) Energiestrom

$$\dot{Q} = C_{1,2}\, O_1\, [(\frac{\Theta_1}{100})^4 - (\frac{\Theta_2}{100})^4], \qquad (2.16)$$

wobei
$$C_{1,2} = \frac{C_s}{\frac{1}{\varepsilon_1} + \frac{1}{\varepsilon_2} - 1}. \qquad (2.17)$$

und ε_1 = Emissionsgrad der Fläche 1
ε_2 = Emissionsgrad der Fläche 2
C_s = Strahlungskonstante des schwarzen Körpers.

b) Wird die Oberfläche O_1 von der *anderen Fläche O_2 umhüllt* (d. h. $O_1 < O_2$), wobei O_1 überall konvex und O_2 überall konkav sei, so errechnet sich die Strahlungskonstante des Systems

$$C_{1,2} = \frac{C_s}{\frac{1}{\varepsilon_1} + \frac{O_1}{O_2}(\frac{1}{\varepsilon_2} - 1)} \qquad (2.18)$$

c) Ist dabei die *umhüllende Fläche O_2 sehr groß* oder gar ∞, wie es bei Strahlungsaustausch mit der Umgebung der Fall ist, so ergibt sich wiederum

$$C_{1,2} = \varepsilon_1\, C_s. \qquad (2.19)$$

Der Fall b läßt sich beispielsweise auf einen Heizofen anwenden, der in einem Raum steht. Hier zeigt sich, daß Wärmestrahlung im allgemeinen auch in Verbindung mit Wärmeleitung und Konvektion auftritt. Die Teilvorgänge laufen dabei praktisch parallel ab. In manchen Fällen rechnet man auch die Strahlung auf einen Wärmedurchgang um und verwendet einen fiktiven Wärmedurchgangskoeffizienten.

2.1.4 Mikrowellenstrahlung

Ausbreitungsmechanismus von Mikrowellen
Die Mikrowellenstrahlung ist ebenso wie die Wärmestrahlung auf kein Trägermedium angewiesen. Beide gehören zu den *Elektromagnetischen Wellen*, deren unterschiedliche Eigenschaften und Wirkungen durch ihre Frequenz bzw. durch ihre Wellenlänge bestimmt werden. (Abb. 2.6)

Die *erste Maxwellsche Gleichung* besagt, daß ein elektrisches Feld, welches sich zeitlich ändert, ein magnetischen Feld erzeugt. Die *zweite Maxwellsche Gleichung* drückt aus, daß ein sich änderndes Magnetfeld wieder ein elektrisches Feld erzeugt. Durch diesen ständigen Energieaustausch zwischen einem elektrischen Feld und einem magnetischen Feld kann sich Mikrowellenstrahlung auch

Mikrowellenstrahlung 55

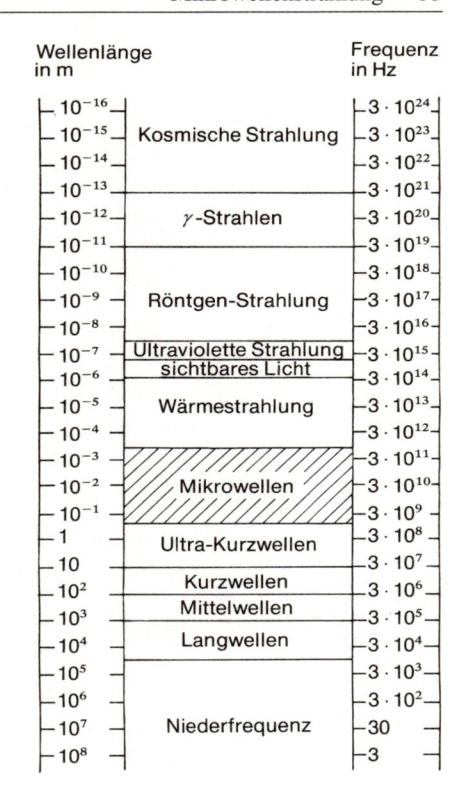

Wellenlänge in m		Frequenz in Hz
10^{-16}		$3 \cdot 10^{24}$
10^{-15}	Kosmische Strahlung	$3 \cdot 10^{23}$
10^{-14}		$3 \cdot 10^{22}$
10^{-13}		$3 \cdot 10^{21}$
10^{-12}	γ-Strahlen	$3 \cdot 10^{20}$
10^{-11}		$3 \cdot 10^{19}$
10^{-10}		$3 \cdot 10^{18}$
10^{-9}	Röntgen-Strahlung	$3 \cdot 10^{17}$
10^{-8}		$3 \cdot 10^{16}$
10^{-7}	Ultraviolette Strahlung	$3 \cdot 10^{15}$
10^{-6}	sichtbares Licht	$3 \cdot 10^{14}$
10^{-5}	Wärmestrahlung	$3 \cdot 10^{13}$
10^{-4}		$3 \cdot 10^{12}$
10^{-3}		$3 \cdot 10^{11}$
10^{-2}	Mikrowellen	$3 \cdot 10^{10}$
10^{-1}		$3 \cdot 10^{9}$
1	Ultra-Kurzwellen	$3 \cdot 10^{8}$
10		$3 \cdot 10^{7}$
10^{2}	Kurzwellen	$3 \cdot 10^{6}$
10^{3}	Mittelwellen	$3 \cdot 10^{5}$
10^{4}	Langwellen	$3 \cdot 10^{4}$
10^{5}		$3 \cdot 10^{3}$
10^{6}		$3 \cdot 10^{2}$
10^{7}	Niederfrequenz	30
10^{8}		3

Abb. 2.6. Wellenlängen- und Frequenzbereiche *Elektromagnetischer Wellen* (vereinfachte Darstellung ohne Überdeckungen).

im leeren Raum (Vakuum) fortpflanzen und erreicht dort die Geschwindigkeit $c_o \approx 3 \cdot 10^8 \, \frac{m}{s}$ (Vakuum-Lichtgeschwindigkeit) (Abb. 2.7). Für die Wärmewirkung von Mikrowellen ist nur das E-Feld verantwortlich. Bei sogenannten *stehenden Wellen* werden daher „Bäuche" und „Nullstellen" der Energie auftreten (Hohlraumresonator).

In einem Stoff mit der Permittivitätszahl ε_r (relative Permittivität; früher Dielektrizitätszahl oder Elektrisierungszahl), welche dessen Verhalten im elektrischen Feld charakterisiert, und mit der *Permeabilitätszahl* μ_r, welche dessen Verhalten im magnetischen Feld charakterisiert, beträgt die *Fortpflanzungsgeschwindigkeit*

$$v = \frac{c_o}{\sqrt{\varepsilon_r \mu_r}}. \qquad (2.20)$$

Für elektrische Nichtleiter ist $\mu_r \approx 1$, die Werte für ε_r können jedoch sehr unterschiedlich sein (Tab. 2.3).

56 Energieübertragung

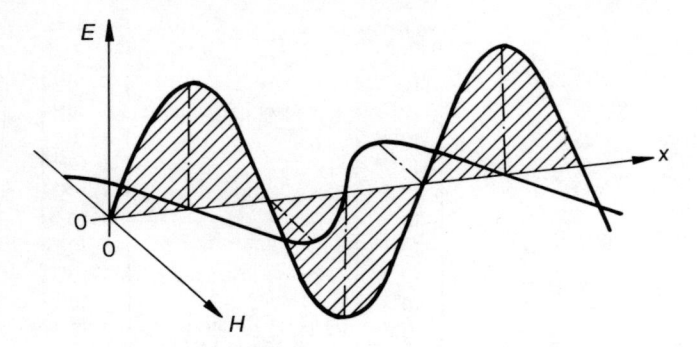

Abb. 2.7. Elektrische Feldstärke E und magnetische Feldstärke H mit ihren Amplituden und der Ausbreitungsrichtung x (Geschwindigkeit c_o).

Tab. 2.3. Permittivitätszahl ε_r verschiedener Stoffe.

Stoff	ε_r
Luft (1 bar)	1,0
Papier	2,0
Polystyrol	2,5
Olivenöl	3,0
Glas	4–8
Porzellan	6,0
Fleisch (60 % Wasser)	40
Wasser (5 °C)	80

Mit der Vakuum-Lichtgeschwindigkeit c_o lassen sich auch Frequenz f und Wellenlänge λ der elektromagnetischen Welle verknüpfen, denn es gilt

$$c_o = f \lambda. \tag{2.21}$$

Elektrisches Gleichfeld und Polarisierung
In einem elektrischen Feld werden auf Ladungen Kräfte ausgeübt, die eine Polarisierung von zunächst elektrisch neutralen Molekülen zur Folge haben. Unter anderem bilden sich dabei *Dipole* (z. B. durch Ladungsverschiebung) oder bereits vorhandene Dipole (z. B. Wassermoleküle) orientieren sich nach der Richtung des anliegenden (äußeren) Feldes (Abb. 2.8 und Abb. 2.9). Diese Verschie-

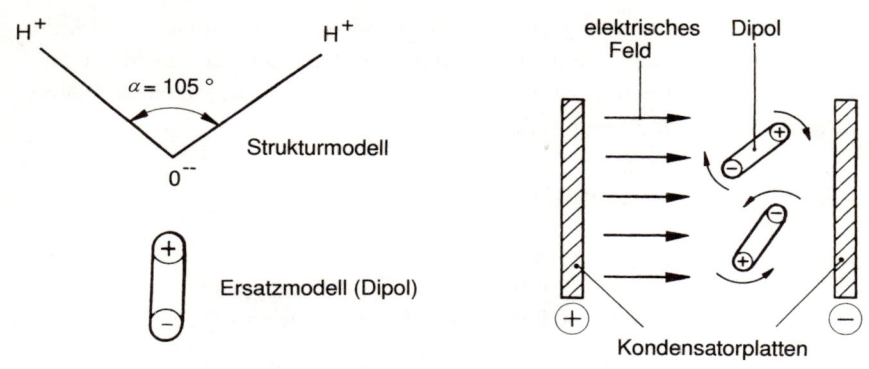

Abb. 2.8. Strukturmodell und vereinfachtes
Ersatzmodell eines Wassermoleküls.

Abb. 2.9. Dipole im elektrischen Feld.

bungen der Ladungen innerhalb eines Stoffes werden als Verschiebungsdichte oder elektrische Flußdichte

$$D = \varepsilon_o \, \varepsilon_r \, E \qquad (2.22)$$

bezeichnet.
Dabei ist $\quad E$ = elektrische Feldstärke
ε_r = Permittivitätszahl
ε_o = elektrische Feldkonstante = $8{,}854 \cdot 10^{-12} \, \dfrac{\text{A s}}{\text{V m}}$

(entspricht Permittivität des leeren Raumes).

Elektrisches Wechselfeld und Wärmeleistung
Wird das elektrische Feld von zwei Kondensatorplatten gebildet, so würde beim Umpolen des Kondensators dieses Feld seine Richtung ändern. Somit ändert sich die Kraftrichtung auf die Dipole und sie werden zurückgedreht.
Wiederholt sich dieses Umpolen ständig, so erhält man ein elektrisches Wechselfeld. Ein solches elektrisches Wechselfeld wird auch von Mikrowellen erzeugt (vgl. Abb. 2.7). Das zwangsläufig auftretende magnetische Wechselfeld ist für das nachfolgend beschriebene Erwärmungsprinzip (praktisch) unbedeutend.
Bei hoher Frequenz solcher elektrischer Wechselfelder wird den Dipolen eine heftige Bewegung aufgezwungen, wodurch Wärme entsteht (vereinfachte Vorstellung „Reibungswärme"). Je nach „Widerstand" gegen diese Bewegung „hinkt" die Dipolbewegung mehr oder weniger dem äußeren Feld nach, was mit dem Verlustwinkel δ beschrieben wird.
In der Elektrotechnik wird tan δ als „Verlustfaktor" bezeichnet, weil diese Erwärmung meist unerwünscht ist (z. B. bei Isolierstoffen, Transformatorenöl etc.).

In der Haushalttechnik hingegen ist diese Erwärmung erwünscht und das Produkt von Permittivitätszahl ε_r und „Verlustfaktor" tan δ ist entscheidend dafür. Mit der neu definierten Erwärmungszahl $d = \varepsilon_r \tan \delta$ errechnet sich die Wärmeleistung bzw. Wärmeleistungsdichte

$$\frac{dP}{dV} = \frac{E^2}{2} \omega \varepsilon_o d. \qquad (2.23)$$

In dieser Gleichung gilt

ε_o = elektrische Feldkonstante (vgl. Gleichung 2.22)

für das Mikrowellenfeld:

E = Elektrische Feldstärke
(Scheitelwert, deswegen Faktor 1/2; vgl. Kap. 3. 3. 1, Leistung)
ω = Kreisfrequenz, wobei $\omega = 2\pi f$ (f = 2450 MHz, bei Haushalts-Mikrowellen-Gargeräten),

für das Lebensmittel:

d = Erwärmungszahl (= $\varepsilon_r \tan \delta$)
dV = Volumenelement.

Was für ein infinitesimal kleines Volumenelement dV noch möglich ist, falls alle Größen in Gleichung 2.23 an dieser Stelle bekannt sind, läßt sich – zunächst theoretisch – auch für das gesamte Stoffvolumen V angeben.

In der Gleichung für die Wärmeleistung

$$P = \frac{\varepsilon_o \omega}{2} \int_V E^2 (V) \, d(V) \, dV \qquad (2.24)$$

sind alle ortsunabhängigen Größen vor das Integral gestellt und die Integration der ortsabhängigen Größen muß über das gesamte Volumen V erfolgen.
Die elektrische Feldstärke E ist zwangsläufig unterschiedlich innerhalb des Volumens V. Auch die Erwärmungszahl d des Lebensmittels ist innerhalb einer Portion meist unterschiedlich groß.

Was mathematisch vergleichsweise einfach aussieht, ist bei konkreten Problemen sehr schwierig zu lösen. Die Integration ist ja nur möglich, wenn alle Funktionen für $E(V)$ und $d(V)$ in Abhängigkeit des Ortes innerhalb des Lebensmittelvolumens bekannt sind. Weiterhin muß die Form des zu erwärmenden Stoffes mathematisch beschrieben werden (z. B. Funktion der Berandungen in einem x, y, z,-Koordinatensystem). Erschwerdend kommt hinzu, daß der Stoffkennwert d (z. B. bei Lebensmitteln) meist stark temperaturabhängig ist.

Zur Interpretation vieler Phänomene, die bei Experimenten beobachtet werden, ist die Kenntnis solcher mathematischen Zusammenhänge (Gleichung 2.23 und 2.24) sehr nützlich. Auch wenn die Gleichungen in der Praxis kaum lösbar sind, geben sie doch Aufschluß über die wirksamen Einflußgrößen und führen so rascher zu brauchbaren Arbeitsergebnissen.

Mikrowellen-Eindringtiefe
Beaufschlagen Mikrowellen einen Stoff, so sind drei Extremfälle denkbar:

a) *Reflexion:*
Bei elektrisch leitenden Stoffen wie Stahl, Aluminium, Kupfer etc. oder Stoffen mit elektrisch leitender Oberfläche (z. B. auch Überzüge) werden Mikrowellen reflektiert. Daher können die Mikrowellen in das Stoffinnere nicht eindringen und dort auch keine Erwärmung verursachen. Das elektrische Feld der Mikrowelle erzeugt aber an der Oberfläche dieser Stoffe (in der äußersten Schicht) Ausgleichsströme, die eine geringe Erwärmung bewirken *(Skineffekt)*.

b) *Durchdringung:*
Elektrisch isolierende Stoffe wie Glas, Porzellan, Pappe, Kunststoffe (z. B. Polypropylen, Polyäthylen, Teflon) können Mikrowellen nahezu ungehindert durchdringen. Diese Durchdringung ist umso „verlustloser", je gleichmäßiger die Ladungsverteilung dieser Stoffe ist.

c) *Absorption:*
Bei Stoffen, deren Moleküle sog. Dipolcharakter aufweisen – d. h. sich im elektrischen Feld nicht neutral verhalten – wird Mikrowellenenergie in Wärme umgesetzt. Damit schwächt sich das Mikrowellenfeld ab und in gleichem Maße erwärmt sich der Stoff. Das Wassermolekül besitzt einen ausgeprägten Dipolcharakter und läßt sich im Mikrowellenfeld gut erwärmen, ähnliches gilt für viele Lebensmittel.

In der Praxis treten diese drei Fälle auch kombiniert auf. Beispielsweise läßt Porzellan die Mikrowelle nicht vollständig durch, sondern absorbiert – je nach vorliegenden Randbedingungen – einen Teil und wird dadurch erwärmt.

Da Mikrowellenenergie sowohl räumlich als auch zeitlich von ungleichmäßiger Intensität ist, wäre eine mathematisch exakte Behandlung der Energieverteilung sehr schwierig. Mit technischen Maßnahmen (Gerätegestaltung, z. B. Garraumabmessungen; Wobbler; Drehteller) gelingt es jedoch, für einen praxisnahen Beobachtungszeitraum die Mikrowellenenergie im zu erwärmenden Stoff gleichmäßiger zu verteilen, als es die Wellentheorie („Bäuche" und „Nullstellen" stehender Wellen) zunächst befürchten läßt.

Selbst wenn man mit dieser Begründung nachfolgend in grober Näherung von einem ausreichend gleichmäßigen Mikrowellenfeld ausgeht, ergibt sich aus anderen Gründen im Inneren eines Stoffes (z. B. Lebensmittel) ungleiche Energieverteilung.

Wird ein Teil der Mikrowellenenergie in einem Stoff absorbiert, so schwächt sich das Feld im Inneren eines Stoffes ab (Abb. 2.10).

Die elektrische Feldstärke E nimmt bei einer ebenen Stoffoberfläche in erster Näherung nach einer e-Funktion ab (natürliche Zahl e ≈ 2.718). Für kleine Werte von δ gilt näherungsweise $\tan \delta \approx \delta$ und es läßt sich die sog. Eindringtiefe abschätzen

$$\varrho \approx \frac{c_o}{\omega \sqrt{\varepsilon_r} \delta}, \qquad (2.25)$$

die auch zur Charakterisierung des Mikrowellen-Verhaltens von Stoffen verwendet wird. Die Kreisfrequenz ω ist bei Haushalts-Mikrowellen-Gargeräten vorgegeben und c_o ist die bekannte Lichtgeschwindigkeit.

Mit Gleichung 2.21 ergibt sich die Eindringtiefe

$$\varrho \approx \frac{\lambda_o}{2\pi \, \delta \sqrt{\varepsilon_r}}, \qquad (2.26)$$

wobei λ_o = Wellenlänge der Mikrowelle (im leeren Raum und näherungsweise in Luft) ist.

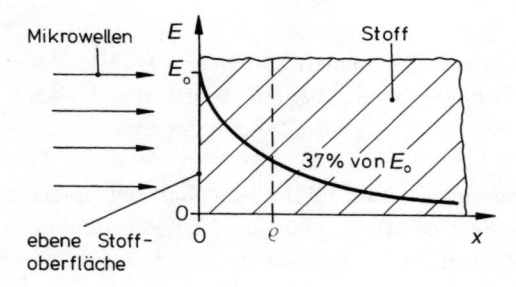

Abb. 2.10. Elektrische Feldstärke E in einem Stoff, der Mikrowellen absorbiert, in Abhängigkeit von der Tiefenkoordinate x (vereinfachter Fall einer ebenen Transversalwelle).

Für Haushalts-Mikrowellen-Gargeräte beträgt $\lambda_o = 12{,}25$ cm, weshalb auch gilt

$$\varrho \approx \frac{1{,}95 \text{ cm}}{\delta \sqrt{\varepsilon_r}}. \qquad (2.27)$$

Nach der hier verwendeten Definition ist es diejenige Tiefe, bei der die elektrische Feldstärke auf den Wert $\frac{E_o}{e}$ abgesunken ist. E_o ist die Eintritts-Feldstärke an der Stoffoberfläche.
Die Gleichungen zeigen, daß Stoffe, die sich gut erwärmen lassen, d.h. bei denen δ und ε_r groß sind, eine geringe Eindringtiefe besitzen und umgekehrt.

Temperaturverteilung
Während bei der Wärmestrahlung (vgl. Kap. 2.1.3) die elektromagnetische Welle bereits in den äußeren Stoffschichten (Oberfläche) in Wärme umgewandelt wird und die Strahlung deshalb nicht eindringt, können Mikrowellen – wie beschrieben – ins Stoffinnere vordringen. Dabei schwächen sie sich ab, so daß die Wärmeleistungsdichte im Stoff – physikalisch bedingt – unterschiedlich groß ist.

Auch bei der vereinfachten Annahme eines gleichmäßigen Mikrowellenfeldes im Garraum, bei gleicher Ausgangstemperatur und homogenem Stoffaufbau (z.B. gleiche Wärmekapazität im Lebensmittel usw.) werden sich demnach örtlich unterschiedliche Temperaturen ausbilden. Durch Wärmeleitung im Stoff können sich diese allmählich ausgleichen (vgl. Kap. 2.1.1). Bei starker Mikrowellenleistung sind kurzzeitig große Temperaturunterschiede unvermeidlich, da der Temperaturanstieg rasch erfolgt und die Zeiten für den Temperaturausgleich entsprechend kurz sind.

In der Praxis gibt es noch weitere Gründe, weshalb die Temperaturverteilung innerhalb des Stoff-Volumens uneinheitlich sein kann:
– inhomogener Stoffaufbau (z.B. Lebensmittel)
– komplizierte äußere Form des Stoffes
– Mikrowelleneintritt allseitig nicht gleichmäßig (z.B. Abdeckungen)
– inhomogenes Mikrowellenfeld (systembedingt, u.a. wegen der „stehenden Wellen" im speziell dimensionierten Garraum (Hohlraumresonator)).

Daher ist die rechnerische Bestimmung der Temperaturverteilung sehr schwierig. Die tatsächliche Temperaturverteilung kann allein experimentell ermittelt werden.

62 Energieübertragung

Beispiel: Temperaturverteilung in Lebensmitteln (gemessen unter Vermeidung von Schmelz- oder Verdampfungsprozessen).

Hier zeigt sich, wie bereits die unterschiedliche Form eines Lebensmittels, bei gleicher Anfangstemperatur, durch Mikrowellenbeaufschlagung zu verschiedenen Temperaturprofilen führen kann.

Bei der flachen Lebensmittelportion (Scheibe) dringt die Mikrowelle vor allem über die beiden Seitenflächen ein. Die Überlagerung der Energieverteilung gemäß Abb. 2.10 (einmal von links und einmal von rechts) ergibt die „Temperatur-Mulde". Die Absenkung der Randtemperatur beruht auf der Wärmeabgabe nach außen, vor allem an die kalte Garraumluft (Abb. 2.11).

Bei der runden Lebensmittelportion (Zylinder) entsteht eine Energiekonzentration im Inneren, da durch Verteilungseinrichtungen (z. B. Wobbler) die Mikrowellen ständig aus unterschiedlichen Richtungen auftreffen (cross-fire effect). Die starke Absenkung der Randtemperatur erfolgt aus den schon genannten Gründen (Abb. 2.12). Auch bei Flüssigkeiten ist dies, je nach Viskosität und Konvektion, zu beobachten (z. B. Erhitzen von Milch in Flaschen).

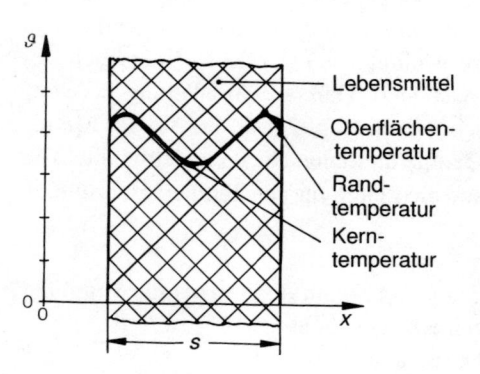

Abb. 2.11. Temperatur ϑ (Kamelhöckerprofil) im Inneren einer flachen Lebensmittelportion (Scheibendicke s) in Abhängigkeit von der Tiefenkoordinate x.

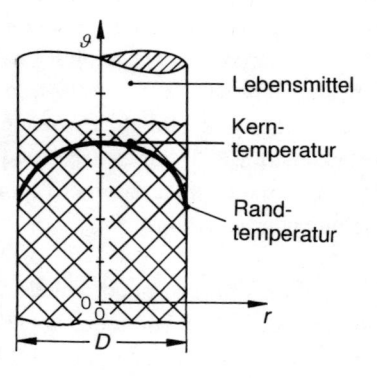

Abb. 2.12. Temperatur ϑ (Dromedarhöckerprofil) im Inneren einer runden Lebensmittelportion (Durchmesser D) in Abhängigkeit vom Radius r.

2.2. Energie, Enthalpie und Entropie

2.2.1 Innere Energie

Formelzeichen: U, SI-Einheit: Joule (J).

Die innere Energie ist die Summe aller einem Stoff oder einem System zugeführten Energien. In der technischen Wärmelehre sind dies Wärmeenergie und Arbeit. Die innere Energie kann man sich als kinetische Energie der Molekularbewegung und als potentielle Energie der Moleküle auf Grund ihrer Anziehungs- und Abstoßungskräfte vorstellen. Die Änderung der inneren Energie

$$U_2 - U_1 = Q_{1,2} + W_{1,2} \tag{2.28}$$

mit $Q_{1,2}$ = zugeführte Wärmeenergie
$W_{1,2}$ = zugeführte Arbeit,

während einer Zustandsänderung des Stoffes vom Zustand 1 in einen Zustand 2. (Die Tatsache, daß bei Wärmeenergie und Arbeit der Weg der Zustandsänderung von 1 nach 2 angegeben wird, deutet darauf hin, daß beide „wegabhängig" d. h. keine Zustandsgrößen sind).

Die Gleichung 2.28 drückt gleichzeitig den *1. Hauptsatz der Technischen Wärmelehre* aus.
Sie gilt zunächst für ruhende, geschlossene Systeme, läßt sich aber auch auf bewegte, geschlossene Systeme erweitern. Die zugehörige Energie setzt sich aus seiner inneren Energie und seiner kinetischen sowie potentiellen Energie zusammen. Die erweiterte Beziehung aus Gleichung 2.28 lautet:

$$U_2 - U_1 + \frac{m}{2}(v_2^2 - v_1^2) + m\,g\,(z_2 - z_1) = Q_{1,2} + W_{1,2}, \tag{2.29}$$

wobei m = Masse des Systems
v = Geschwindigkeit der Masse m
g = Fallbeschleunigung ($g \approx 9{,}81\,\frac{m}{s^2}$)
z = geodätische Höhe.

Diese Glieder, welche auch die Änderung der kinetischen und der potentiellen Energie berücksichtigen, sind in veränderter Form auch in der Bernoullischen Gleichung (Kap. 1.3.3) enthalten.

Die Arbeit W kann in Form von elektrischer Arbeit (z. B. Heizleiter einer Kochplatte) oder mechanischer Arbeit (z. B. Kolben einer Wärmepumpe) zugeführt

64 Energie, Enthalpie und Entropie

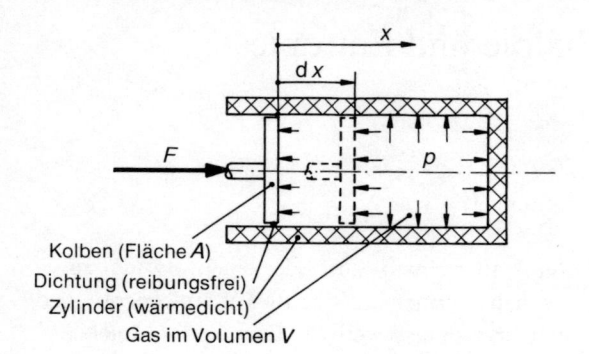

Abb. 2.13. Gasgefüllter Zylinder mit Kolben.

werden. So verrichtet ein Kolben auf dem Weg von 1 nach 2 an einem wärmedicht (adiabat) eingeschlossenen Gas die Arbeit

$$W_{1,2} = \int_1^2 F(x)\,dx \qquad (2.30)$$

und erhöht so die innere Energie (Abb. 2.13).

Wobei $F = F(x)$ momentane Kolbenkraft
dx = Wegänderung.

Aus dem Kräftegleichgewicht am Kolben

$$F = p\,A \qquad (2.31)$$

mit $p = p(x)$ momentaner Gasdruck
A = Kolbenfläche
und wegen $A\,dx = -dV$ (2.32)
mit dV = Volumenänderung,

errechnet sich diese Arbeit

$$W_{1,2} = -\int_1^2 p\,dV. \qquad (2.33)$$

Umgekehrt gibt das Gas bei einer Volumenvergrößerung an den Kolben eine Arbeit ab, die auf Kosten der inneren Energie geht (z. B. Kolbenmotor).

Auch ohne Vorhandensein eines Zylinders mit Kolben leistet ein Stoff diese sogenannte Verdrängungs- oder Verschiebearbeit, wenn er sich in einem anderen Medium, z. B. in der irdischen Atmosphäre, ausdehnt. So beträgt bei einer Volumenvergrößerung von V_1 auf V_2 und dem Umgebungsdruck (p_U = konst) die Verschiebearbeit

$$W_U = -p_U(V_2 - V_1), \qquad (2.34)$$

um welche die innere Energie reduziert und der Stoff abgekühlt wird.

Bei Stoffen, die in einem konstanten Volumen eingeschlossen sind (z. B. im Dampfdruckkochtopf), und – näherungsweise – bei festen Körpern und Flüssigkeiten mit vernachlässigbarer Wärmeausdehnung ist die Verdrängungsarbeit $W = 0$. Wird auch sonst keine Arbeit zu- oder abgeführt, so ist

$$U_2 - U_1 = Q_{1,2}, \qquad (2.35)$$

d. h. auf dem Weg der Zustandsänderung von 1 nach 2 ändert die Wärmeenergie $Q_{1,2}$ nur die innere Energie des Stoffes.

Der Zusammenhang zwischen den drei Energieformen innere Energie, Wärmeenergie und Arbeit beschreibt auch das Prinzip der Erhaltung der Energie (Energieerhaltungssatz). Demnach kann Energie weder entstehen, noch kann sie vernichtet werden. Da auch in der Haushalttechnik nur die Änderung der inneren Energie interessiert, ist die Festlegung des Nullpunktes für diese Zustandsgröße beliebig. Besteht ein System aus mehreren Teilsystemen, so beträgt die innere Energie

$$U = \sum_{i=1}^{n} U_i, \qquad (2.36)$$

wobei U_i = innere Energie des i-ten Teilsystems
n = Anzahl der Teilsysteme.

2.2.2 Enthalpie

Formelzeichen: H, SI–Einheit: Joule (J).

Die Berechnung der inneren Energie über den *1. Hauptsatz der technischen Wärmelehre* enthält die Verschiebearbeit, die technisch oft nicht genutzt werden kann. So geht z. B. die Verschiebearbeit W_U verloren, die der Stoff beim Einströmen mit und beim Ausströmen gegen den Umgebungsdruck leistet (Kap. 2.2.1). Die Enthalpie

$$H = U + pV \qquad (2.37)$$

mit U = innere Energie; p = Druck; V = Volumen

eines Stoffes berücksichtigt nun auch diese Verschiebearbeit.

66 Energie, Enthalpie und Entropie

Damit ist die Änderung der Enthalpie

$$H_2 - H_1 = Q_{1,2} + W_t \qquad (2.38)$$

mit $Q_{1,2}$ = zugeführte Wärmeenergie und
W_t = zugeführte technische Arbeit (auf dem Weg von 1 nach 2)

gleichzeitig eine andere Formulierung des *1. Hauptsatzes der Technischen Wärmelehre*, wie er bei allen Wärmekraft- und Arbeitsmaschinen verifiziert wird. Diese Formulierung gilt für offene Systeme und auch für Kreisprozesse ohne Berücksichtigung der kinetischen und potentiellen Energie des Stoffes. Eine Berücksichtigung ist, wie in Kap. 2.2.1, bzw. 1.3.3 angegeben, möglich.

Auch bei der Zustandsgröße Enthalpie ist die Festlegung des Nullpunktes beliebig, da im allgemeinen nur deren Änderung interessiert. In der praktischen Anwendung wird oft die spezifische – d. h. massebezogene – Enthalpie $h = H/m$ verwendet. Durch Differentiation und Integration der Gleichungen für die innere Energie und die Enthalpie ergibt sich die technische Arbeit

$$W_t = \int_1^2 V \, dp \qquad (2.39)$$

aus einem Prozeß, der vom Zustand 1 nach 2 abläuft. Bei Prozessen, die – wie in der Haushalttechnik oftmals gültig – unter konstantem Druck p ablaufen, entfällt wegen $dp = 0$ die technische Arbeit, und es gilt:

$$H_2 - H_1 = Q, \qquad (2.40)$$

d. h. die zugeführte Wärmeenergie Q ändert nur die Enthalpie des Systems bzw. des Stoffes.

Beispiel: Trocknungsprozesse im MOLLIER-Diagramm.
Die Aufnahmefähigkeit der Luft an Wasserdampf ist vor allem von der Temperatur abhängig. Bei der Temperatur ϑ_L kann die Luft ohne Tröpfchenbildung soviel Wasserdampf aufnehmen, daß der Partialdruck p_D (Teildampfdruck) des Dampfes gerade gleich dem sogenannten Sättigungsdruck p'_D ist (Abb. 2.14). In diesem Fall bezeichnet man die Luft als gesättigt. Enthält sie weniger Wasserdampf, so ist sie ungesättigt, und der Partialdruck p_D des Wasserdampfes ist niedriger als der Sättigungsdruck p'_D.
Die relative Feuchte

$$\varphi = \frac{p_D}{p'_D} \qquad (2.41)$$

ist ein Maß für die „ausgenützte" Wasseraufnahmekapazität der Luft.

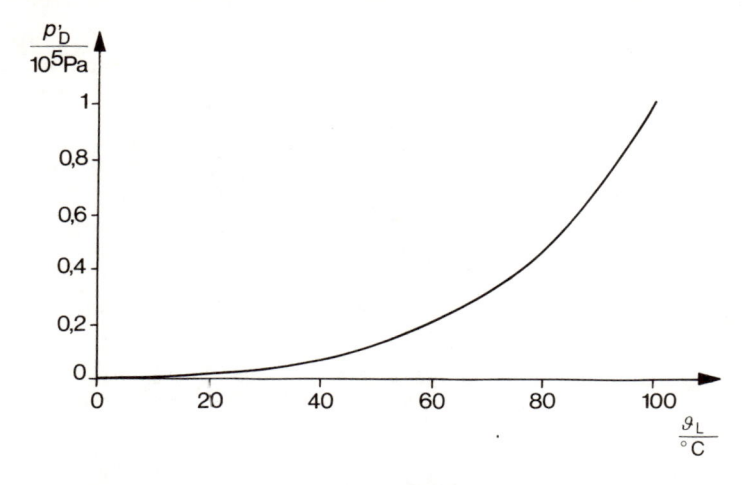

Abb. 2.14. Wasserdampf-Sättigungsdruck p'_D in Abhängigkeit der Lufttemperatur ϑ_L (Dampfdruckkurve).

Wird Luft erwärmt, so sinkt die relative Feuchte und ihr Wasseraufnahmevermögen steigt (sie kann besonders gut trocknen). Erfolgt die Wärmezufuhr bei konstantem Druck, wie dies bei Wäschetrocknern üblich ist, so eignet sich das h,x-MOLLIER-Diagramm besonders gut zur Prozeßbeschreibung.
Die spezifische Enthalpie h des Luft-Wasserdampf-Gemisches – der feuchten Luft also – ist auf der Ordinate aufgetragen, die Wassermasse x auf der Abzisse. Beides sind spezifische, d. h. auf die Masse (trockene Luft) bezogene Größen (Abb. 2.15).

Für Trocknungsprozesse im Haushalt, wie für das Wäschetrocknen, wählt man ein MOLLIER-Diagramm, bei dem Linien konstanter Enthalpie (h = konst) unter gleichem Winkel schräg angeordnet sind. Dabei fällt die Isotherme für 0 °C gerade mit der horizontalen Abszisse zusammen. Die anderen Isothermen besitzen eine, der Celsius-Temperatur proportionale, geringe Steigung. Gleichzeitig fächert sich das ungesättigte Gebiet auf, in dem viele technische Prozesse ablaufen, und das Diagramm wird handlicher.
In solchen Diagrammen mit großem Zeichnungsmaßstab lassen sich Enthalpie-Abschätzungen grafisch durchführen.

Beim Trocknen mit erwärmter Luft besitzt die eintretende Umgebungsluft den Zustand 1, wobei sich Temperatur ϑ_1 und relative Luftfeuchte φ_1 messen lassen

68 Energie, Enthalpie und Entropie

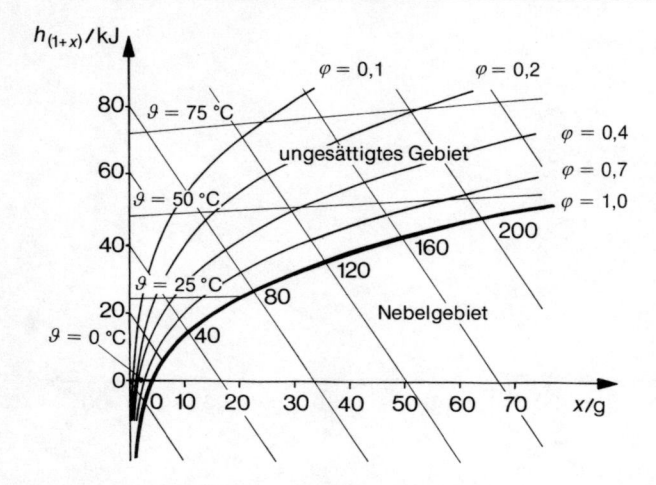

Abb. 2.15. MOLLIER $h_{(1+x)}$, x-Diagramm für Wasserdampf beim Druck $p = 1$ bar. Die Größen an Abszisse und Ordinate sind jeweils bezogen auf 1 kg **trockene** Luft.

(Abb. 2.16). Soll sie auf die Temperatur ϑ_2 erwärmt werden, muß dazu die spezifische Enthalpie $\Delta h = h_2 - h_1$ zugeführt werden.
Die Zustandsänderung bewegt sich längs der Linie x_1 = konst (die Wassermenge kann sich definitionsgemäß nicht ändern) nach Zustand 2.
Damit besitzt die Luft nur noch die relative Luftfeuchte φ_2.
Streicht diese ungesättigte Luft über die zu trocknende Oberfläche, z. B. über die feuchte Wäsche, so nimmt sie Feuchtigkeit auf. Da keine weitere Energie zugeführt wird, bleibt die Enthalpie näherungsweise konstant und der Prozeß erreicht

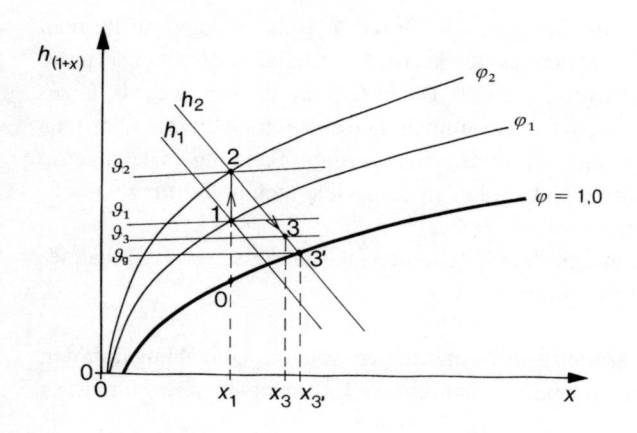

Abb. 2.16. Trocknen mit erwärmter Luft, dargestellt im MOLLIER $h_{(1+x)}$, x-Diagramm.

längs der schrägen Linie h_2 = konst den Zustand 3 (Luft ist noch etwas ungesättigt). Im Grenzfall wird der Zustand 3' erreicht, bei dem die Luft vollständig gesättigt ist (Sättigungslinie $\varphi = 1$). Damit könnte pro kg trockene Luft die Wassermenge $\Delta x = x_3' - x_1$ entfernt werden.

Wegen der dabei verbrauchten Verdampfungswärme hat sich die Luft zwar abgekühlt, die Enthalpie ist aber erhalten geblieben, weshalb in der Praxis Maßnahmen der Energierückgewinnung dringend geboten sind.

2.2.3 Wärmekapazität

Formelzeichen: c, SI-Einheit: Joule durch Kilogramm und Kelvin ($\frac{J}{kg\,K}$).

Die Wärmekapazität (spezifische) entspricht der Wärmeenergie, die einem Stoff mit der Masse 1 kg zugeführt oder entzogen werden muß, um seine Temperatur um 1 K zu erhöhen bzw. zu erniedrigen. Die spezifische Wärmekapazität ist im allgemeinen von der Temperatur und vom Druck abhängig. Bei Berechnungen werden vielfach Näherungswerte oder Bereichs-Mittelwerte (zwischen den Anfangs- und Endtemperaturen) gewählt. Genaue Berechnungen erfordern Integration und, je nach Fragestellung, gegebenenfalls iteratives Vorgehen. Die spezifische Wärmekapazität einiger Stoffe bei Raumtemperatur ($\vartheta = 20\,°C$) ist in Tab. 2.4 wiedergegeben.

Insbesondere bei Gasen muß noch unterschieden werden, ob die Temperaturänderung bei konstantem Volumen oder bei konstantem Druck erfolgt.

Im ersten Fall ist der Stoff (Masse m) fest eingeschlossen (V = konst), und die zugeführte Wärmeenergie erhöht die innere Energie U. Die Wärmekapazität erhält den Index v und ist definiert durch die partielle Differentiation:

$$c_v = \frac{1}{m}\left(\frac{\delta U}{\delta \Theta}\right)_v. \qquad (2.42)$$

Im zweiten Fall kann sich der Stoff bei konstantem Druck (p = konst) ausdehnen, und die Energie erhöht die Enthalpie H. Die Wärmekapazität erhält den Index p und ist definiert durch

$$c_p = \frac{1}{m}\left(\frac{\delta H}{\delta \Theta}\right)_p. \qquad (2.43)$$

Da in diesem Fall Verschiebearbeit verloren geht, bzw. die Stoffmoleküle sich voneinander entfernen können, steigt die Temperatur Θ weniger als im ersten Fall, so daß grundsätzlich

70 Energie, Enthalpie und Entropie

$$c_p > c_v \qquad (2.44)$$

ist.

Um die Temperatur eines Stoffes zu erhöhen, bzw. zu erniedrigen, muß die Energie

$$Q = m\,c\,(\vartheta_2 - \vartheta_1) \qquad (2.45)$$

zugeführt bzw. abgeführt werden, wobei

m = Masse des Stoffes
c = spezifische Wärmekapazität (c_p oder c_v, gültig im Temperaturbereich ϑ_1 bis ϑ_2)
$\vartheta_{1,2}$ = Temperatur des Stoffes vor bzw. nach der Energiezufuhr oder -abfuhr.

Tab. 2.4. Spezifische Wärmekapazität c bzw. c_p verschiedener Stoffe (Temperatur = 20 °C, Druck ≈ 1 bar).

Stoff	c bzw. c_p in $\dfrac{\text{kJ}}{\text{kg K}}$
Wasser	4,181
Öl	≈ 2,0
Eis (bei 0 °C)	1,93
Luft	1,0046
Teflon	1,0
Aluminium, rein	0,90
Marmor	0,8
Ziegelstein	0,84
Porzellan	0,79
Quarzglas	0,73
Eisen, rein	≈ 0,5
Edelstahl	0,46–0,5
Kupfer, rein	0,42
Rindfleisch	≈ 3,8
Schweinefleisch	≈ 2,4

2.2.4 Entropie

Formelzeichen: S, SI-Einheit: Joule durch Kelvin ($\frac{J}{K}$).

Der sogenannte *2. Hauptsatz der Technischen Wärmelehre* beinhaltet, daß alle natürlichen Prozesse von selbst nur in einer Richtung ablaufen können. Da sie nicht umkehrbar sind, sagt man auch, sie seien irreversibel. Reversible Prozesse, bei denen ein System wieder in den Anfangszustand gebracht werden kann, ohne daß irgendwelche Änderungen in der Umgebung zurückbleiben, sind häufig betrachtete, idealisierte Grenzfälle.

Die Zustandsgröße Entropie wurde u. a. eingeführt, um die Irreversibilität von Prozessen quantitativ erfassen zu können. Wird bei einem System die Wärmeenergie dQ bei der Temperatur Θ zu- oder abgeführt, so läßt sich die Entropieänderung zu

$$dS = \frac{dQ}{\Theta} \tag{2.46}$$

angegeben. Dabei vergrößert Wärmezufuhr die Entropie des Systems, Wärmeabfuhr verringert sie.

Bei irreversiblen Prozessen wird teilweise die Entropie im System selbst erzeugt. Daher teilt man zweckmäßigerweise die Entropieänderung in zwei Anteile auf, so daß gilt

$$dS = dS_q + dS_{irr}. \tag{2.47}$$

Dabei ist $dS_q = \frac{dQ}{\Theta}$ die Entropieänderung durch Wärmezu- bzw. abfuhr an der Systemgrenze, wobei

$$dS_q \gtreqless 0 \tag{2.48}$$

gilt. Zum anderen ist dS_{irr} die im Inneren des Systems erzeugte Entropieänderung, wobei

$dS_{irr} = 0$: reversibler Prozeß
$dS_{irr} > 0$: irreversibler Prozeß.

In diesem Zusammenhang unterscheidet man beim Energiebegriff auch Exergie und Anergie wobei gilt

Energie = Exergie + Anergie.

Exergie ist dabei derjenige Teil der Energie, welcher sich in einer vorgegebenen Umgebung in andere Energieformen umwandeln läßt.

72 Energie, Enthalpie und Entropie

Anergie ist der nicht in Exergie umwandelbare Teil der Energie. Bei reversiblen Prozessen bleibt die Exergie konstant, da keine Anergie entsteht. Bei allen irreversiblen Prozessen verwandelt sich Exergie in Anergie. Zu den irreversiblen Prozessen zählen Reibung, Wirbelung, Drosselung, Mischung durch Diffusion und Wärmeaustausch.

Beispiel: Wärmetauscher.
Gibt ein Stoff A (Temperatur Θ_A) an den Stoff B (Temperatur Θ_B) die Wärmeenergie dQ ab, so gilt für den Stoff A bzw. B:

$$dS_A = \frac{-dQ}{\Theta_A} \text{ bzw. } dS_B = \frac{dQ}{\Theta_B}. \tag{2.49}$$

Betrachtet man beide Stoffe als ein System, welches nach außen wärmedicht (adiabat) ist, so ergibt sich wegen $dS_q = 0$ die gesamte Entropieänderung

$$dS = dS_{irr} = dQ\left(\frac{1}{\Theta_B} - \frac{1}{\Theta_A}\right) = dQ\,\frac{\Theta_A - \Theta_B}{\Theta_A\,\Theta_B}. \tag{2.50}$$

Da bei diesem natürlichen Prozeß, d. h. ohne zusätzliche Maschinen, die Wärme nur vom wärmeren zum kälteren Stoff fließen kann, ist $\Theta_A > \Theta_B$ und deswegen

$$dS_{irr} > 0 \tag{2.51}$$

und somit irreversibel.

Der Entropiebegriff ist weiterhin gut geeignet, um die Wärmeenergie, die einem System zu- oder abgeführt wird, in einem „Wärmediagramm" darzustellen. Im Θ, S-Diagramm erscheint wegen

$$dQ = \Theta\,dS_q \tag{2.52}$$

die Wärmeenergie

$$Q_{1,2} = \int_1^2 \Theta\,dS_q \tag{2.53}$$

als Fläche unter der Kurve der Zustandsänderung von 1 nach 2 (Abb. 2.17). Diese Darstellungsmöglichkeit ist deswegen von Bedeutung, da die Wärmeenergie – im Gegensatz zur Entropie – keine Zustandsgröße ist. Die Wahl des Nullpunktes ist bei der Entropie beliebig, zudem interessiert nur deren Änderung.

Bei der praktischen Handhabung des „Wärmediagrammes" wird vielfach die spezifische Entropie

Schmelzwärme 73

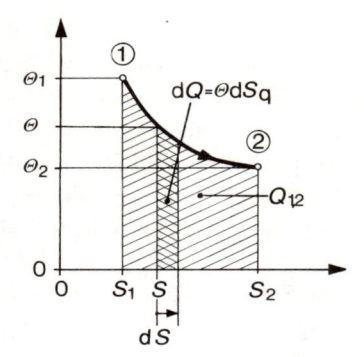

Abb. 2.17. Zustandsänderung in einem Temperatur (Θ), Entropie (S)-Diagramm.

$$s = \frac{S}{m} \qquad (2.54)$$

verwendet. Dabei ist m die Masse des betrachteten Stoffes. Mit der spezifischen Wärmeenergie

$$q = \frac{Q}{m} \qquad (2.55)$$

ergibt sich auch

$$ds_q = \frac{dq}{\Theta}, \qquad (2.56)$$

oder

$$s_2 - s_1 = \int_1^2 \frac{dq}{\Theta} + (s_{irr})_{1,2}. \qquad (2.57)$$

2.3 Änderung des Aggregatzustandes

2.3.1 Schmelzwärme

Formelzeichen: C, SI-Einheit: Joule durch Kilogramm ($\frac{J}{kg}$).

Die Schmelzwärme (Schmelzenthalpie, spezifische) oder Erstarrungswärme entspricht der Energie, die einem Stoff mit der Masse 1 kg zugeführt bzw. entzogen werden muß, um ihn – bei der Schmelz- bzw. Erstarrungstemperatur – vom festen in den flüssigen Zustand überzuführen oder umgekehrt. (Da die Wärme auf die Masseneinheit bezogen ist, handelt es sich um eine spezifische Schmelz- bzw. Erstarrungswärme.) Während dieser Übergangsphasen bleibt – sofern der Druck konstant ist – die Temperatur des Stoffes konstant (Haltepunkt). So behält beispielsweise ein Eis-Wasser-Gemisch so lange die Temperatur von 0 °C (bei Normdruck), bis entweder alles Eis geschmolzen oder alles Wasser gefroren ist. Diese Tatsache läßt sich zur Kalibrierung von Temperaturmeßgeräten heranziehen.

Die Schmelzwärme oder Erstarrungswärme einiger Stoffe ist in Tab. 2.5 wiedergegeben. Auch diese Werte gelten exakt nur für einen bestimmten Druck und die dazugehörige Temperatur (Schmelzdruckkurve).

Findet die Änderung des Aggregatzustandes bei konstantem Druck statt – wie es meist der Fall ist –, so muß im strengen Sprachgebrauch von der Schmelzenthalpie gesprochen werden.

Zum Schmelzen oder Erstarren eines Stoffes muß die Wärmemenge

$$Q = m\,C \qquad (2.58)$$

zugeführt bzw. abgeführt werden, wobei
m = Masse des Stoffes
C = Schmelzwärme oder Erstarrungswärme (spezifische).

Dieser Effekt wird bei Kühltaschen oder -boxen genutzt, um ihren Inhalt trotz Wärmestrom aus der Umgebung möglichst lange kühl zu halten. Spezielle Kühl-

Tab. 2.5. Schmelzenthalpie C verschiedener Stoffe bei der Temperatur ϑ_s (Druck ≈ 1 bar).

Stoff	ϑ_s in °C	C in $\dfrac{kJ}{kg}$
Aluminium	660	402
Wasser (Eis)	0	334
Eisen	1530	270
Glycerin	18,4	201
Stearinsäure	68,82	199
Kohlendioxid	−56,6	188
Palmitinsäure	61,82	164
Paraffin	52	146
Alkohol	−114	104
Äther	−123	96
Rohrzucker	186	56

elemente, auch *Kälteakkus* genannt, bestehen aus einer festen oder elastischen Kunststoffhülle, die mit Flüssigkeit gefüllt ist. In einem Gefrierfach eingelagert, erstarrt diese und kann nachfolgend z. B. in der Kühlbox die entsprechende Schmelzwärme aufnehmen. Letztgenannte ist deutlich größer als die Enthalpien zur Erwärmung der gefrorenen und später der aufgetauten Flüssigkeit in den Kühlelementen (vgl. Kap. 2.2.3 Spezifische Wärmekapazität).

2.3.2 Verdampfungswärme

Formelzeichen: r, SI-Einheit: Joule durch Kilogramm ($\frac{J}{kg}$).

Die Verdampfungswärme (Verdampfungsenthalpie, spezifische) oder Kondensationswärme entspricht der Energie, die einem Stoff mit der Masse 1 kg zugeführt bzw. abgeführt werden muß, um ihn bei der Siedetemperatur vom flüssigen in den gasförmigen Zustand überzuführen oder umgekehrt.

Während dieser Übergangsphase bleibt – sofern der Druck konstant ist – die Temperatur des Stoffes konstant (Haltepunkt), das Volumen ändert sich meist sehr stark. So entwickeln sich bei Atmosphärendruck ($p \approx 1{,}013$ bar) aus 1 kg Wasser etwa 1673 l Dampf. Die Verdampfungs- oder Kondensationswärme nimmt mit zunehmendem Druck stark ab, die Temperatur im Haltepunkt nimmt dabei zu (Dampfdruckkurve). Die Verdampfungs- und Kondensationswärme einiger Stoffe bei Atmosphärendruck ist in Tab. 2.6 wiedergegeben. Findet die Änderung des Aggregatzustandes bei konstantem Druck statt – wie es auch hier

Tab. 2.6. Verdampfungsenthalpie r verschiedener Stoffe bei der Temperatur ϑ_v (Druck $\approx$ 1 bar).

Stoff	ϑ_v in °C	r in $\frac{kJ}{kg}$
Eisen	2730	6290
Silber	2170	2340
Wasser	100	2257
Alkohol	78,4	854
Benzol	80	393
Äther	34,6	360
Terpentinöl	160	294
Quecksilber	356,6	285

meist der Fall ist –, so dient die Wärmezu- oder -abfuhr der Änderung der Enthalpie, und es muß eigentlich von der Verdampfungsenthalpie gesprochen werden. Es zeigt sich aber, daß die Volumenänderungsarbeit nur einen kleinen Teil der Verdampfungsenthalpie ausmacht und die Änderung der inneren Energie nur geringfügig von der Änderung der Enthalpie abweicht.

Zum Verdampfen oder Kondensieren eines Stoffes muß die Wärmemenge

$$Q = m\,r \tag{2.59}$$

zugeführt, bzw. abgeführt werden, wobei
    m = Masse des Stoffes
    r = Verdampfungswärme oder Kondensationswärme (spezifische).

Geht ein Stoff unterhalb der Siedetemperatur vom flüssigen in den gasförmigen Zustand über, so bezeichnet man diesen Vorgang als *Verdunsten*. Dieses Phänomen beruht auf den unterschiedlich großen Bewegungen der Moleküle in einer Flüssigkeit, so daß es immer wieder einzelnen, besonders schnellen und damit energiereichen Molekülen gelingt, die Flüssigkeit zu verlassen. Demzufolge sinkt die gesamte kinetische Energie der Flüssigkeitsmoleküle, d. h. die Temperatur („Verdunstungskälte"), oder es muß Wärmeenergie zugeführt werden, die der Verdampfungswärme entspricht.

Da das Verdunsten nur an der Phasengrenze (Flüssigkeit – Dampf) stattfindet, geht es umso rascher, je größer die freie Oberfläche ist (Anwendung: Geschirr trocknet leichter ab, wenn sich – durch das Klarspülmittel – keine einzelnen Wassertropfen ausbilden, sondern ein dünner, großflächiger Wasserfilm entsteht.)

Geht ein Stoff vom festen unmittelbar, d. h. nicht über den flüssigen Zustand, in den gasförmigen Zustand über oder umgekehrt, so nennt man diesen Vorgang *Sublimation*. Im molekularen Bild bedeutet dies, daß die kinetische Energie einiger Moleküle derart groß ist, daß sie bereits den festen Molekülverband verlassen können (Überwindung der Kohäsionskräfte). Auf diese Weise kann Eis unmittelbar in Wasserdampf übergehen und umgekehrt (z. B. Gefriertrocknen von Lebensmitteln). Auch beim Sublimieren muß entsprechend Wärmeenergie zu- bzw. abgeführt werden.

2.3.3 Dampfdruckkurve

Die Phasenübergänge wie Schmelzen – Erstarren, Verdampfen – Kondensieren und Sublimieren werden im Temperatur-Druck-Diagramm in anschaulicher Weise dargestellt. Für das Beispiel Wasser ist dieses Diagramm in Abb. 2.18

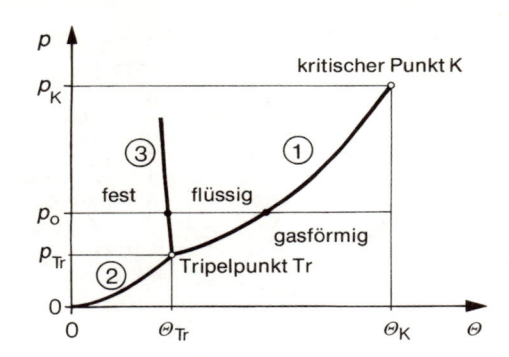

Abb. 2.18. Phasengrenzen bei Wasser im Druck (p), Temperatur (Θ)-Diagramm.

dargestellt. Je nach Temperatur und Druck liegt das Wasser in festem, flüssigem oder dampfförmigem Zustand vor (Aggregatzustand) (vgl. auch Abb. 2.20).

Der Kurvenast 1 stellt die *Dampfdruckkurve* des (flüssigen) Wassers dar und trennt demnach die flüssige von der gasförmigen Phase. Die sogenannte Siedetemperatur nimmt dabei mit steigendem Druck zu. Dieser Kurvenast endet im Punkt K (*kritischer Punkt*), in dem eine Unterscheidung in Flüssigkeit und Dampf nicht mehr möglich ist. Hier sind die Kohäsionskräfte überwunden (keine Flüssigkeit mehr); es ist aber noch kein Diffusionsvermögen vorhanden (noch kein Dampf) und die Verdampfungswärme $r = 0$. (Zahlenwerte für Wasser am kritischen Punkt: $\Theta = 647{,}3$ K; $p = 221{,}29$ bar).

Der Kurvenast 2 ist die *Sublimationsdruckkurve* des Eises, und der Kurvenast 3 beschreibt den Zusammenhang zwischen der Schmelztemperatur des Eises und dem Druck und wird als *Schmelzdruckkurve* bezeichnet (z. B. Schlittschuhkufen auf Eis).

Eine Besonderheit stellt in diesem Diagramm der sogenannte *Tripelpunkt* dar (Wasser: $\Theta_{Tr} \approx 273{,}16$ K; $p_{Tr} = 0{,}00611$ bar). An diesem Punkt können der feste, flüssige und gasförmige Zustand dauernd nebeneinander bestehen (thermodynamisches Gleichgewicht).

Einer Änderung des Aggregatzustandes entspricht das Überschreiten eines Kurvenastes des p, Θ-Diagrammes:
– Kurvenast 1 (Dampfdruckkurve) .... Verdampfen oder Kondensieren
– Kurvenast 2 (Sublimationsdruckkurve) .... Sublimieren
– Kurvenast 3 (Schmelzdruckkurve) .... Schmelzen oder Erstarren.

78 Änderung des Aggregatzustandes

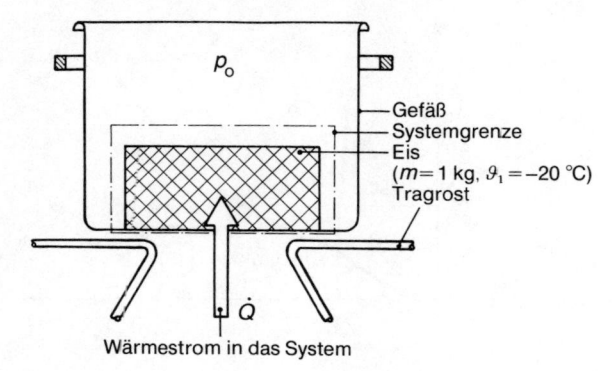

Abb. 2.19. Erwärmen von Eis in einem Gefäß.

Beispiel: Erwärmen von Eis in einem offenen Gefäß (Abb. 2.19). Das Erwärmen und Schmelzen des Eises, das Erwärmen und Verdampfen des Wassers sowie das Überhitzen des Wasserdampfes bei konstantem Druck entspricht im p, Θ-Diagramm einem Durchlauf längs der Linie p_o = konst von links nach rechts (Abb. 2.18). Wird dabei die Energie gleichmäßig zugeführt, so ist der Temperaturanstieg keineswegs gleichmäßig (Abb. 2.20). Vielmehr ergibt sich der Differentialquotient $\frac{d\Theta}{dH}$ bzw. $\frac{d\vartheta}{dH}$ aus der jeweiligen spezifischen Wärmekapazität. Er wird beim Schmelzvorgang und Verdampfungsvorgang sogar Null (Haltepunkte).

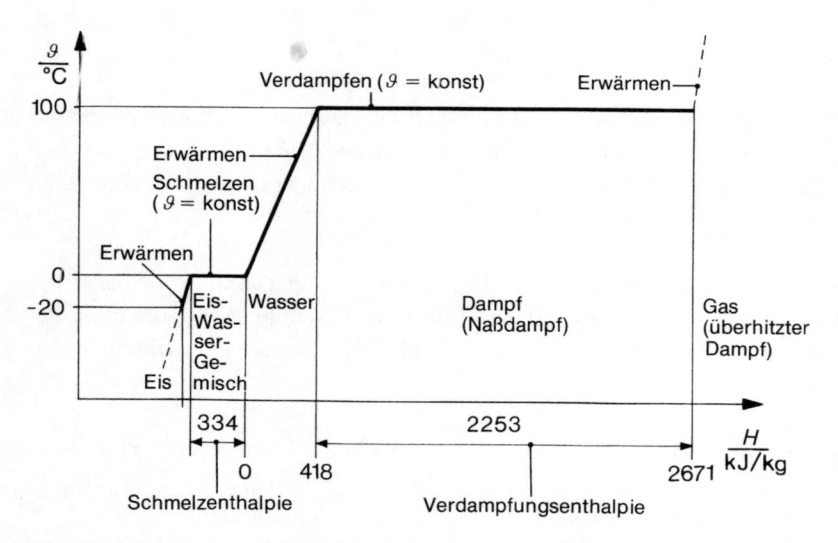

Abb. 2.20. Temperatur ϑ beim Erwärmen und Schmelzen von Eis, Erwärmen und Verdampfen des Wassers sowie Erwärmen des Wasserdampfes in Abhängigkeit der Enthalpie H (Druck p_o = 1,0133 bar).

Besonders augenscheinlich ist der große Anteil der Verdampfungsenthalpie r (bei $p_o = 1.01325$ bar; $r \approx 2257$ kJ/kg).
Um Energie zu sparen, muß demnach jede überflüssige Dampfentwicklung vermieden werden, oder es muß versucht werden, durch Kondensation des Dampfes die Kondensationswärme wieder nutzbringend einzufangen.

2.4 Zustandsgleichung idealer Gase

Gase ändern ihr Volumen in Abhängigkeit von der Temperatur in besonders starkem Maße. Bei konstantem Druck (p = konst) beträgt das Volumen

$$V = V_o (1 + \gamma \vartheta), \tag{2.60}$$

wobei V_o = Volumen des Gases bei 0 °C
ϑ = Temperatur des Gases
γ = Volumenausdehnungskoeffizient.

Für Luft ist $\gamma = 0{,}003675 \, \frac{1}{K}$ und für andere Gase ist er nahezu ebenso groß. Für Wasserstoff (H$_2$) oder Helium (He) ist $\gamma \approx 0{,}00366 \, \frac{1}{K} \triangleq \frac{1}{273{,}15 \, K}$.

Mit $\Theta_o = 273{,}15$ K   ($\Theta = \Theta_o + \vartheta$)   gilt

$$V = V_o \frac{\Theta}{\Theta_o}, \tag{2.61}$$

näherungsweise für alle Gase (Gesetz von GAY-LUSSAC).

Für konstante Temperatur gilt das Gesetz von BOYLE-MARIOTTE mit

$$p \, V = p_o \, V_o, \tag{2.62}$$

wobei p_o der zu V_o gehörende Druck ist.

Faßt man beide Gesetze zusammen, so erhält man für ideale Gase das allgemeine Gesetz

$$\frac{p \, V}{\Theta} = \frac{p_o \, V_o}{\Theta_o} = \text{konst.} \tag{2.63}$$

Diese konstante Größe ist proportional der Gasmenge (Masse m) und der für jedes Gas typischen Gaskonstante R_B, weshalb gilt:

$$\frac{p \, V}{\Theta} = m \, R_B \tag{2.64}$$

oder
$$pV = m R_B \Theta. \qquad (2.65)$$

Diese thermische Zustandsgleichung wird auch als makroskopische Form des Gasgesetzes bezeichnet.

Dividiert man das Volumen V des Gases durch die Stoffmenge ν, so erhält man das molare Volumen

$$V_m = \frac{V}{\nu}. \qquad (2.66)$$

Unter Normbedingungen $\Theta_n = 273{,}15$ K ($\vartheta = 0$ °C) und $p_n = 1{,}01325$ bar beträgt für alle idealen Gase das Molvolumen $V_{m,o} = 22{,}41 \; \frac{m^3}{kmol}$. In einem Mol befinden sich dabei $6{,}023 \cdot 10^{23}$ Moleküle (Avogadro-Zahl).
Mit dem Molvolumen V_m vereinfacht sich die allgemeine Zustandsgleichung

$$p V_m = R^* \Theta \qquad (2.67)$$

mit der universellen Gaskonstante $R^* = 8314{,}3 \; \frac{J}{K \, kmol}$.

Beispiel: Normvolumen eines Brenngases.
Zur Berechnung von Heizwert oder Energiekosten für Brenngase ist das Normvolumen V_n eine korrekte Bezugsgröße für die verbrauchte Gasmenge.

Es errechnet sich nach dem allgemeinen Gasgesetz (Gleichung 2.63) zu

$$V_n = V_B \frac{p_B}{p_n} \frac{\Theta_n}{\Theta_B} \qquad (2.68)$$

mit $\quad V_B =$ Volumen des Gases im Betriebszustand (z. B. gemessen)
$p_B =$ Betriebsdruck (absoluter)
$\Theta_B =$ Betriebstemperatur (thermodynamische)

und p_n sowie Θ_n charakterisieren wieder die Normbedingungen ($p_n = 1{,}01325$ bar; $\Theta_n = 273{,}15$ K).

Der Energiegehalt von Brenngasen wird durch den Brennwert $\bar{H}_{o,n}$ (mittlerer Brennwert) bei den o. g. Normbedingungen angegeben.

Der spezifische Heizwert

$$H_u = \bar{H}_{o,n} - r \, m_w \qquad (2.69)$$

mit $\quad r \;\; =$ Verdampfungsenthalpie von Wasser
$m_w =$ Masse des Wassers, welches bei der Verbrennung anteilig anfällt,

ist demnach kleiner als der Brennwert, da das Wasser hier als Wasserdampf vorliegt.

Für Energieabrechnungen ist der Brennwert richtig und zeitgemäß, da es im Haushalt Anlagen gibt, die $\bar{H}_{o,n}$ nahezu ausschöpfen können. Beispielsweise werden beim Brennwertkessel die Verbrennungsgase soweit abgekühlt, daß der Wasserdampf schon teilweise kondensiert.

Nach dem Regelwerk „Durchführung der thermischen Abrechnung von Gas" errechnet sich die gelieferte Wärmemenge Q aus der Beziehung

$$Q = V_B \, Z \, \bar{H}_{o,n}. \tag{2.70}$$

Die sogenannte Zustandszahl Z ist aus der Beziehung zu ermitteln

$$Z = \frac{\Theta_n}{\Theta_B} \frac{p_{amb} + p_e - \varphi p_s}{p_n K}. \tag{2.71}$$

Für Erdgas (trocken; $\varphi \approx 0$), für Effektivdrücke $p_e \leq 1$ bar (Kompressionszahl $K = 1$) und mit dem Betriebsdruck $p_B = p_{amb} + p_e$ vereinfacht sich Gleichung 2.71.

p_{amb} = Luftdruck im Jahresmittel nach geodätischer Höhe und geographischer Lage des Versorgungsgebietes;

p_e = Effektivdruck (Überdruck) nach dem Gasdruck-Regelgerät vor dem Gaszähler).

Es ergibt sich die Zustandszahl

$$Z = \frac{\Theta_n}{\Theta_B} \frac{p_B}{p_n}. \tag{2.72}$$

Das Produkt $V_B Z$ in Gleichung 2.70 ist das Normvolumen

$$V_n = V_B Z = V_B \frac{\Theta_n}{\Theta_B} \frac{p_B}{p_n} \tag{2.73}$$

und diese Gleichung entspricht wieder dem allgemeinen Gasgesetz gemäß Gleichung 2.68.

2.5 Energieaustausch

2.5.1 Mischungsgleichung

Die Enthalpie eines Gesamtsystems, welches sich aus mehreren Stoffen oder Teilsystemen zusammensetzt, berechnet sich zu

$$H_{ges} = \sum_{i=1}^{n} H_i, \qquad (2.74)$$

wobei n = Anzahl der Teilsysteme
 H_i = Enthalpie des i-ten Teilsystems.

Diese *Enthalpiebilanz* ist geeignet, um Mischungsprobleme, die bei konstantem Druck stattfinden, zu berechnen. Gegenüber einer Energiebilanz hat dabei die Enthalpiebilanz den Vorteil, daß die Verdrängungsarbeit, die vom oder am umgebenden Medium bei Volumenänderung von Stoffen geleistet wird, automatisch enthalten ist. Berücksichtigt wird nur die technische Arbeit. In den seltenen Fällen, in denen das Volumen exakt konstant bleibt, weil die Stoffe fest eingeschlossen sind, ist eine Bilanz der inneren Energie vorzunehmen. Bei festen Körpern und bei Flüssigkeiten besteht jedoch kein beachtenswerter Unterschied zwischen den Ergebnissen beider Bilanzen.

Überschreitet Wärmeenergie oder technische Arbeit die Grenzen des Gesamtsystems, so läßt sich dies mit einem weiteren Enthalpieanteil ΔH_u in der Bilanz berücksichtigen. Die Festlegung des Nullpunktes bei der Enthalpiebilanz ist beliebig, da nur die Änderung der Enthalpie interessiert.

Beispiel: Mischen zweier Wassermengen (Abb. 2.21).
Es ergibt sich mit den Voraussetzungen:

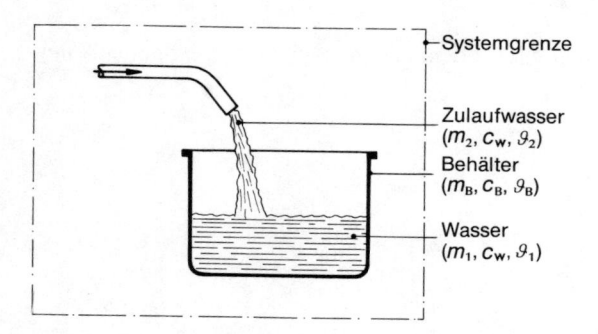

Abb. 2.21. Mischen zweier Wassermengen.

- Zulaufwasser befindet sich bereits innerhalb der Systemgrenze
- kinetische und potentielle Energie des Zulaufwassers sind vernachlässigbar
- kein Energieaustausch mit der Umgebung (zumindest während der raschen Mischung)
- keine Volumenänderung
- konstanter Druck
- vollkommener Temperaturausgleich nach der Mischung
- spezifische Wärmekapazitäten im betrachteten Temperaturbereich konstant:

$$(m_1 \, c_W + m_B \, c_B + m_2 \, c_W) \, \vartheta_M = m_1 \, c_W \, \vartheta_1 + m_B \, c_B \, \vartheta_B + m_2 \, c_W \, \vartheta_2. \tag{2.75}$$

Diese Gleichung läßt sich sehr unterschiedlich auswerten. Ist z. B. die Mischtemperatur ϑ_M gesucht und sind alle übrigen Größen bekannt, so ist

$$\vartheta_M = \frac{m_1 \, c_W \, \vartheta_1 + m_B \, c_B \, \vartheta_B + m_2 \, c_W \, \vartheta_2}{m_1 \, c_W + m_B \, c_B + m_2 \, c_W}. \tag{2.76}$$

Denkt man sich den Behälter hinsichtlich seiner Wärmekapazität durch eine äquivalente Wassermasse ersetzt, so erhält man den sogenannten Wasserwert

$$Y^* = \frac{m_B \, c_B}{c_W}. \tag{2.77}$$

Für $\vartheta_B = \vartheta_1$ erhält man damit die Mischtemperatur

$$\vartheta_M = \frac{(m_1 + Y^*) \, \vartheta_1 + m_2 \, \vartheta_2}{m_1 + Y^* + m_2}. \tag{2.78}$$

Findet bei einem oder mehreren Stoffen ein Phasenwechsel wie Schmelzen oder Erstarren, Verdampfen oder Kondensieren und Sublimieren statt, so muß die entsprechende Schmelz-, Verdampfungs- oder Sublimationsenthalpie mit in der Bilanz berücksichtigt werden.

2.5.2 Austausch mit umgebenden Medien

Hausgeräte oder andere Körper bzw. Stoffe befinden sich häufig in einem Energieaustausch mit der Umgebung. Wird bei Energieabgabe diese Energie nicht „nachgeliefert", so kühlt beispielsweise ein warmer Körper aus. Verringert sich jedoch seine Temperatur – um bei diesem Fall zu bleiben –, so verringert sich auch die treibende Temperaturdifferenz und damit der Wärmestrom; der Ausgleich verlangsamt sich. Solche und ähnliche Ausgleichsvorgänge führen in ihrer mathematischen Formulierung auf typische Differentialgleichungen.

Beispiel: Erwärmung eines Lebensmittels im Backofen.
In einem Umluftbackofen wird ein kaltes Lebensmittel durch die heiße Luft erwärmt. Durch Wärmeübergang fließt der Wärmestrom

$$\dot{Q} = \frac{dQ}{dt} = \alpha\, O\, (\vartheta_U - \vartheta_L), \tag{2.79}$$

mit $\quad \alpha\ $ = Wärmeübergangskoeffizient
$\quad\quad O\ $ = Oberfläche des Lebensmittels
$\quad\quad \vartheta_U\ $ = Temperatur der Heißluft
$\quad\quad \vartheta_L\ $ = Temperatur des Lebensmittels.

Das Lebensmittel besitzt die Enthalpie

$$H = m\, c\, \vartheta_L \tag{2.80}$$

mit $\quad m\ $ = Masse des Lebensmittels
$\quad\quad c\ $ = spezifische Wärmekapazität.

Der Wärmestrom bewirkt eine ständige Änderung der Lebensmitteltemperatur in Abhängigkeit von der Zeit t d. h. $\vartheta_L = \vartheta_L (t)$.

Demgemäß ändert sich durch diesen Wärmestrom $\dot{Q}$ auch die Enthalpie H mit

$$\frac{dH}{dt} = m\, c\, \frac{d\vartheta_L}{dt} = \alpha\, O\, (\vartheta_U - \vartheta_L(t)). \tag{2.81}$$

Mit der Substitution (vgl. Abb. 2.22)

$$\Delta\vartheta_L(t) = (\vartheta_U - \vartheta_L(t)) \tag{2.82}$$

und für $\quad t = 0$ ist

$$\Delta\vartheta_o = \vartheta_U - \vartheta_o, \tag{2.83}$$

wobei $\Delta\vartheta$ die treibende Temperaturdifferenz ist, lautet die Lösung dieser Differentialgleichung

$$\Delta\vartheta_L = \Delta\vartheta_o\, e^{-\frac{\alpha O}{m\,c} t} \tag{2.84}$$

oder $\quad \vartheta_L(t) = \vartheta_U - (\vartheta_U - \vartheta_o)\, e^{-\frac{\alpha O}{m\,c} t}. \tag{2.85}$

Die Gleichung 2.85 zeigt:
Die Erwärmung erfolgt besonders rasch bei hoher Backofentemperatur bzw. großer Anfangs-Temperaturdifferenz; weiterhin, wenn die Heißluft bewegt ist (Wärmeübergangskoeffizient α erhöht sich mit zunehmender Luftgeschwindigkeit = Effekt des Umluft-Backofens) und wenn die Oberfläche O des Lebensmittels groß ist (z.B. klein portioniert oder „zerklüftet"). Sie erfolgt langsam, wenn Masse m des Lebensmittels und dessen spezifische Wärmekapazität c groß sind.

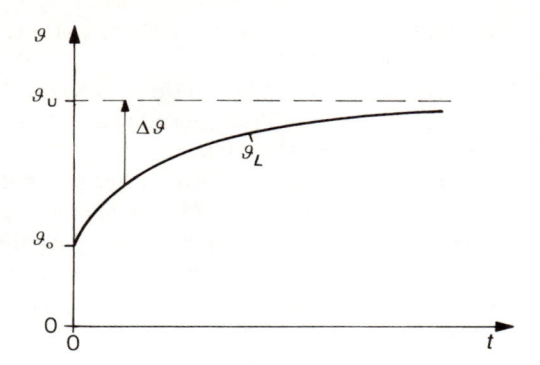

Abb. 2.22. Temperatur ϑ_L eines Lebensmittels in Abhängigkeit von der Zeit t bei Erwärmung in einem Umluftbackofen (Temperatur ϑ_U).

Die gleichen physikalischen Gesetzmäßigkeiten ergeben sich auch beim Abkühlen von Körpern, durch das umgebende Medium.

Ein *Beispiel* dafür ist Lebensmittelabkühlung nach dem Garen durch die kalte Umgebungsluft.

Ein anderes Beispiel ist eine Kühlbox mit kaltem Inhalt, durch deren Wand zwangsläufig ständig Wärme aus der Umgebung zufließt. Treten dabei Änderungen des Aggregatszustandes auf, z.B. durch einen Schmelzvorgang (bei Kühlelementen wird dies erfolgreich ausgenutzt, vgl. Kap. 2.3.1), so ergeben sich im Temperatur-Zeit-Diagramm „Haltepunkte". Dies bedeutet, obwohl ständig Energie zugeführt wird, ändert sich die Temperatur solange nicht, bis der Aggregatsübergang abgeschlossen ist.

Auch das Erwärmen oder Abkühlen von Lebensmitteln in Flüssigkeiten folgt ähnlichen physikalischen Gesetzmäßigkeiten. In der Praxis sind diese Prozesse oftmals mit Schmelz- oder Verdampfungsvorgängen gekoppelt. Ein typisches Beispiel hierzu ist die Wärmebehandlung von tiefgefrorenen Pommes-Frites in einer Friteuse.

2.6 Weiterführendes Schrifttum
(zum Kapitel Wärmelehre)

BAEHR, H.-D.: Thermodynamik. 8. Aufl. Berlin: Springer, 1992
DÜRR, H.; ZACHARIAS, R.: Haushaltsgeräte messen und prüfen: Sensorische Prüfverfahren für Koch-, Brat- und Backgeräte. Baltmannsweiler: Schneider, 1990
DVGW Deutscher Verein des Gas- und Wasserfaches e. V. (Hrsg.): Durchführung der thermischen Abrechnung von Gas. Technische Regeln. Arbeitsblatt G 685. April 1983

GRÖBER, H.; ERK, S.; GRIGULL, U.: Die Grundgesetze der Wärmeübertragung. 3. Aufl. Berlin: Springer, 1988

HAUPTBERATUNGSSTELLE FÜR ELEKTRIZITÄTSANWENDUNG (HEA) e.V. (Hrsg.): HEA – Bilderdienst, Serie Mikrowellengeräte/PICHERT, H. (Bearb.). 3. bearb. Aufl. VWEW: Frankfurt, 1988

HELL, F.: Grundlagen der Wärmeübertragung. 3. Aufl. Düsseldorf: VDI-Verlag: 1982

NORM DIN 1324 Teil 1 Mai 1988. Elektromagnetisches Feld: Zustandsgrößen

NORM DIN 1341 Okt. 1986. Wärmeübertragung: Begriffe, Kenngrößen

NORM DIN 1345 Sept. 1975. Thermodynamik: Formelzeichen, Einheiten

NORM DIN 5031 Teil 1 März 1982. Strahlungsphysik im optischen Bereich und Lichttechnik: Größen, Formelzeichen und Einheiten der Strahlungsphysik

NORM DIN 5031 Teil 5 März 1982. Strahlungsphysik im optischen Bereich: Temperaturbegriffe

NORM DIN 5031 Teil 8 März 1982. Strahlungsphysik im optischen Bereich: Strahlungsphysikalische Bereiche und Konstanten

NORM DIN 5499 Jan. 1972. Brennwert und Heizwert. Begriffe

NORM DIN 13 346 Okt. 1979 Temperatur, Temperaturdifferenz: Grundbegriffe, Einheiten

NORM DIN 44 566 Teil 1 Nov. 1989. Mikrowellen-Kochgeräte für den Haushalt: Gebrauchseigenschaften, Begriffe

NORM DIN 44 566 Teil 2 Nov. 1989. Mikrowellen-Kochgeräte für den Haushalt: Gebrauchseigenschaften, Prüfungen

NORM DIN 44 566 Teil 3 Nov. 1989. Mikrowellen-Kochgeräte für den Haushalt: Gerauchseigenschaften, Anforderungen

PICHERT, H.; BAIER, E.: Verfahrenstechnische Grundlagen zur Wärmebehandlung von Lebensmitteln im Dampfdruckkochtopf. In: Hauswirtsch. Wiss. 29 (1981), Nr. 2, S. 80–88

PICHERT, H.: Experimente mit dem Mikrowellengerät: Anleitung, Durchführung, Interpretation. In: Hauswirtsch. Wiss. 27 (1979), Nr. 2, S. 84–90

PICHERT, H.: Geräte zur Wärmebehandlung von Nahrungsmitteln. Theorie, Beispiele, Eigenschaften. In: Hauswirtschaftl. Bildung 55 (1979), Nr. 3, S. 64–70

PICHERT, H.: Sicherheit von Mikrowellengeräten. Teil 1. In: Strompraxis 38 (1988), Nr. 6, S. 15–18

PICHERT, H.: Die Wärmebehandlung von Lebensmitteln mit Mikrowellen. Physikalische Grundlagen, Wirkungsweise, Sicherheit. In: Hauswirtsch. Wiss. 29 (1981), Nr. 3, S. 171–182

PICHERT, H.: Wäschetrockner im Haushalt. Theorie, Beispiele und Einsatz. In: Energiewirtsch. Tagesfragen 29 (1979), Nr, 3, S. 153–156

PÜSCHNER, H.: Wärme durch Mikrowellen. Grundlagen, Bauelemente, Schaltungstechnik. Eindhoven: Philips, 1964

WINTER, H.: Technische Wärmelehre. 9. Aufl. Essen: Girardet, 1975

3. Elektrotechnik

3.1 Grundbegriffe

3.1.1 Spannung

Formelzeichen: U, SI-Einheit: Volt (V).

Weisen zwei Bezugspunkte (Pole) eine unterschiedliche Anzahl von freien Elektronen (Ladung) auf, so besteht zwischen diesen Bezugspunkten ein Spannungsgefälle, kurz gesagt: eine Spannung.

Bei *Gleichspannung* besitzt ein Pol stets eine höhere Ladung als der andere (z. B. Batterie, Thermoelement, Gleichstromgenerator). Der Pol mit höherer Ladung (Elektronenüberschuß) wird als Minus-Pol bezeichnet, der mit niedrigerer Ladung (Elektronenmangel) als Plus-Pol.

Bei *Wechselspannung* besitzen die Pole jeweils abwechselnd die höhere bzw. niedrigere Ladung (z. B. Wechselstromgenerator, Transformator). In der Haushalttechnik beträgt die übliche Netzspannung 230 V bzw. 400 V Wechselspannung.

3.1.2 Stromstärke

Formelzeichen: I, SI-Einheit: Ampere (A).

Werden zwei Pole, zwischen denen eine elektrische Spannung besteht, mittels eines *elektrischen Leiters* (z. B. Kupferdraht) miteinander verbunden, so gleicht sich die unterschiedliche Zahl der Elektronen aus, d. h. es fließt ein Strom. Dabei werden die freien Elektronen, die sich in einem Leiter befinden, bewegt.
Die Elektronen fließen vom Minus-Pol, der Elektronenüberschuß besitzt, zum Plus-Pol, der Elektronenmangel hat. Dennoch wird aus historischen Gründen die Stromrichtung vom Plus-Pol zum Minus-Pol definiert

3.1.3 Widerstand

Formelzeichen: R, SI-Einheit: Ohm (Ω), $1\ \Omega = 1\ \dfrac{V}{A}$.

Jeder elektrische Leiter setzt dem Wandern der Elektronen einen Widerstand entgegen. Dieser Widerstand R ist vom Material, von der Länge und der Querschnittsfläche des Leiters abhängig. Er berechnet sich zu

$$R = \varrho\ \frac{l}{A}, \tag{3.1}$$

mit ϱ = spezifischer Widerstand des Leitermaterials
l = Länge des Leiters
A = Querschnittsfläche des Leiters.

Der *spezifische Widerstand* ϱ ist meist von der Temperatur abhängig, was mit dem Temperaturkoeffizienten α_R ausgedrückt wird.

Es gilt

$$\varrho = \varrho_{20}\ [1 + \alpha_R\ (\vartheta - 20\ °C)] \tag{3.2}$$

mit ϱ_{20} = spezifischer Widerstand bei 20 °C
ϑ = Temperatur des Leiters in °C
α_R = Temperaturkoeffizient.

Bei fast allen Metallen ist der Temperaturkoeffizient positiv, d. h. mit steigender Temperatur nimmt der Widerstand zu (Tab. 3.1). Bei allen Wärmegeräten der Haushalttechnik ist wegen der meist großen Temperaturänderungen dieser Einfluß zu berücksichtigen. Diese Temperaturabhängigkeit des Widerstandes von elektrischen Leitern wird auch zur Temperaturmessung ausgenutzt. Vielfach verwendet man dabei sog. Heißleiter, auch NTC (Negative Temperature Coefficient)-Widerstände genannt, die einen negativen Temperaturkoeffizienten α_R besitzen.

Elektrische Widerstände sind in Elektro-Hausgeräten sehr häufig und in unterschiedlichen Schaltungen anzutreffen.

Bei der *Reihen- oder Serienschaltung* werden Widerstände, Spannungsquellen oder elektrische Bauelemente hintereinandergeschaltet, so daß alle vom gleichen Strom I durchflossen werden.

Beispiel: Widerstände (Abb. 3.1).
Der Gesamtwiderstand errechnet sich wegen

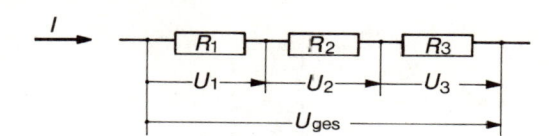

Abb. 3.1. Reihenschaltung von elektrischen Widerständen.

$$U_{ges} = U_1 + U_2 + U_3 \quad \text{und} \quad U_i = R_i\, I$$
(vgl. Kap. 3.1.4 Ohmsches Gesetz)

zu $\quad R_{ges} = R_1 + R_2 + R_3.$ (3.3)

Bei *Parallelschaltung* werden Widerstände, Spannungsquellen oder andere elektrische Bauelemente so geschaltet, daß sie alle an gleicher Spannung liegen und sich der (Gesamt-)Strom verzweigt.

Beispiel: Widerstände (Abb. 3.2).
Der Gesamtwiderstand R_{ges} läßt sich wegen

$$I_{ges} = I_1 + I_2 + I_3 \quad \text{und} \quad I_i = \frac{U}{R_i}$$

aus $\quad \dfrac{1}{R_{ges}} = \dfrac{1}{R_1} + \dfrac{1}{R_2} + \dfrac{1}{R_3}$ (3.4)

ermitteln.

Tab. 3.1. Spezifischer Widerstand ϱ_{20} (bei 20 °C) und Temperaturkoeffizienten α_R verschiedener Materialien.

Material	ϱ_{20} in $\dfrac{\Omega\,\text{mm}^2}{\text{m}}$	α_R in $\dfrac{1}{\text{K}}$
Silber	0,016	0,0038
Kupfer	0,018	0,0039
Aluminium	0,03	0,0037
Wolfram	0,055	0,004
Eisen	$\approx 0,13$	0,0045
Kupfernickel (Konstantan)	0,5	≈ 0
Chromnickel-Stahl	1,0	0,0003
Erde, trocken	$\approx 10^9$	–
Destilliertes Wasser	$\approx 10^{10}$	–
Porzellan	$\approx 10^{18}$	–
Hartgummi	$2\cdot 10^{19}$	–

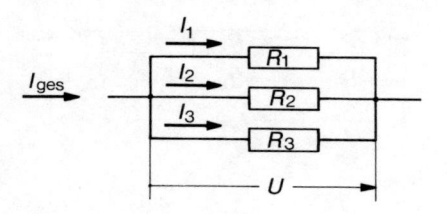

Abb. 3.2. Parallelschaltung von elektrischen Widerständen.

Bei *Kombinationsschaltungen* werden Reihenschaltungen und Parallelschaltungen kombiniert. Damit lassen sich mehrere unterschiedliche Widerstandswerte oder bei Anlegen einer elektrischen Spannung mehrere unterschiedliche Leistungen erzielen.
Beispielsweise bei Elektro-Kochstellen nutzt man diese Möglichkeit unter Verwendung eines speziellen Schalters, der drei unterschiedliche Heizleiter entsprechend verknüpft.

3.1.4 Ohmsches Gesetz

Spannung, Stromstärke und *Widerstand* sind in einem Stromkreis nicht unabhängig voneinander. Die Spannung ist die treibende Kraft, und der Widerstand des Leiters behindert den allzu raschen Ausgleich der Elektronen.
Der Strom – dessen Richtung definitionsgemäß entgegengesetzt zur Richtung des Elektronenflusses ist – berechnet sich zu

$$I = \frac{U}{R}. \tag{3.5}$$

Dieses Ohmsche Gesetz läßt sich auch benützen, um den Spannungsabfall

$$U = R\,I \tag{3.6}$$

oder den Widerstand

$$R = \frac{U}{I} \tag{3.7}$$

aus den jeweils anderen Größen zu berechnen.

In der Form $R = \dfrac{U}{I}$ ist es das von Georg Simon OHM entdeckte Gesetz.

Beispiel: Taschenlampe (Abb. 3.3).
Nach dem Schließen des Schalters S fließt der elektrische Strom

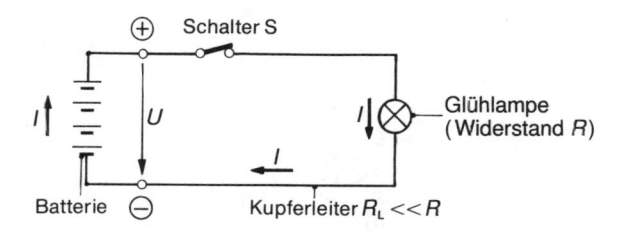

Abb. 3.3. Stromkreis einer Taschenlampe.

$$I = \frac{U}{R}$$

mit U = Spannung der Batterie
 R = elektrischer Widerstand der Glühlampenwendel.

3.2 Magnetismus und Elektrizität

3.2.1 Magnetfeld

Wird ein elektrischer Leiter von einem Strom durchflossen, so verleiht er dem umgebenden Raum Eigenschaften, die man der Wirkung eines magnetischen Feldes zuschreibt (Abb. 3.4). Blickt man in Richtung des Stromes auf die Querschnittsfläche des Leiters, so kann man sich *Feldlinien* (Kraftlinien) vorstellen, die im Uhrzeigersinn um den Leiter laufen (Rechtsschraube). Wird der Leiter zu einer Schleife geformt oder werden mehrere Schleifen zu einer Spule gewickelt, so addieren sich die Wirkungen der magnetischen Feldlinien.

Fließt im Leiter die Stromstärke I und besitzt die Spule die Windungszahl w, so definiert man als Durchflutung

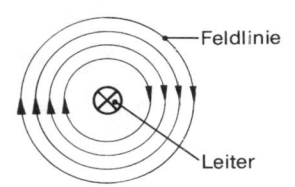

$$I_D = w\,I. \tag{3.8}$$

Abb. 3.4. Magnetisches Feld eines stromdurchflossenen Leiters.

92 Magnetismus und Elektrizität

Spule   Permanentmagnet

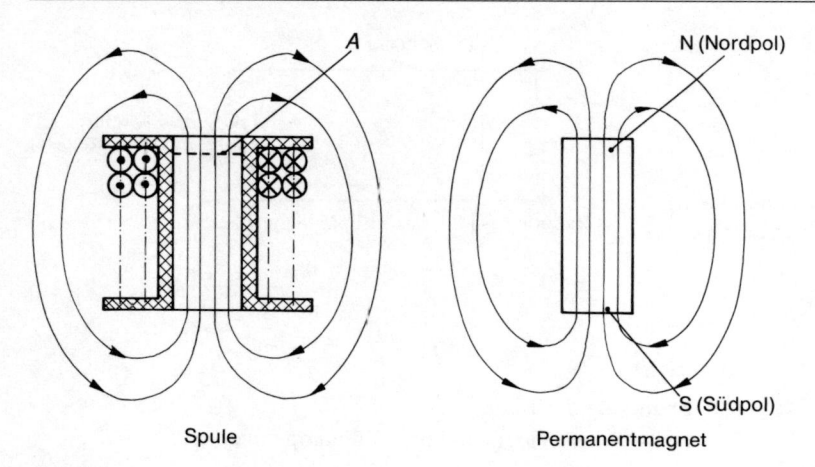

Abb. 3.5. Magnetisches Feld einer stromdurchflossenen Spule und eines Permanentmagneten.

Demnach kann mit einer geringen Stromstärke bei hoher Windungszahl w eine starke Durchflutung erzielt werden. Letztere würde bei nur einer Leiterschleife die w-fache Stromstärke erfordern (Zweck einer Spule).

Die Feldlinien treten an einem Spulenende aus und münden im ovalen Bogen am anderen Spulenende wieder ein. Diese Konfiguration der Feldlinien entspricht der eines Permanentmagneten (Abb. 3.5).

Mit Hilfe dieser Modellvorstellung läßt sich bereits die Wirkungsweise einfacher Bauteile erklären.

Beispiel: Magnetventil für den Wasserzulauf (Abb. 3.6).
Wird der Strom für die Spule eingeschaltet, so werden die beiden Eisenkerne derart von magnetischen Feldlinien durchflossen, daß sich jeweils Nord- und

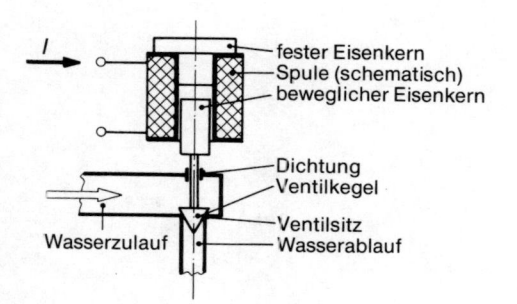

Abb. 3.6. Magnetventil für Wasserzulauf (Schema).

Südpole ausbilden. Da sich – von Permanentmagneten her bekannt – jeweils ungleichnamige Pole anziehen, wird der bewegliche Eisenkern angehoben und schlägt gegen den festen Eisenkern. Damit entfernt sich der Ventilkegel vom Ventilsitz, und das Wasser kann fließen.

Die Summe der magnetischen Feldlinien, die stets in sich geschlossen sind, ist der *magnetische Fluß* Φ (magnetischer Induktionsfluß). In Analogie zur elektrischen Stromstärke ist auch der magnetische Fluß in seinem Kreis überall gleich groß.

Meist interessiert die örtliche magnetische Flußdichte (auch *magnetische Induktion*):

$$B = \frac{\Phi}{A}. \qquad (3.9)$$

Die Bezugsfläche A steht dabei senkrecht zu den Feldlinien, die hier innerhalb der Fläche als gleichmäßig verteilt (homogen) vorausgesetzt werden.

Die magnetische Flußdichte wird in der Einheit T = Tesla angegeben, wobei 1 T = 1 Vs/m².

Gleichgültig, ob das Magnetfeld von einem Elektro- oder Permanentmagneten erzeugt wird, übt es auf einen stromdurchflossenen Leiter die Kraft

$$F = B\,l\,I \qquad (3.10)$$

aus (Abb. 3.7), wobei

B = magnetische Flußdichte
l = Länge des Leiters im Feld
I = elektrische Stromstärke im Leiter.

Diese Beziehung gilt in dieser einfachen Form nur dann, wenn die Richtungen des Stromes, der Feldlinien und der Kraft ein Rechtssystem bilden. Dreht man

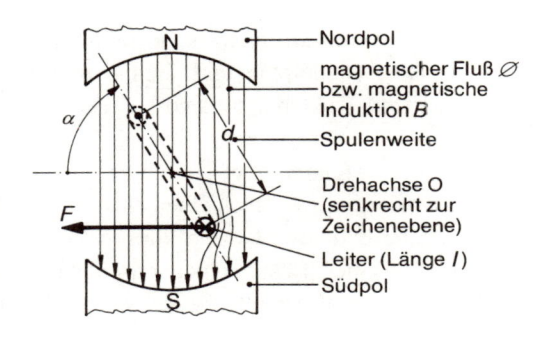

Abb. 3.7. Kraft F auf einen stromdurchflossenen Leiter bzw. Spule in einem Magnetfeld.

die Richtung des Stromes auf dem kürzesten Wege in Richtung der Feldlinien, so erhält man die Drehrichtung einer Rechtsschraube, die sich in Richtung der Kraft vorwärts bewegt. Ergänzt man diesen Leiter mit einem anderen zu einer Leiterschleife mit elastischen Stromzuführungen und lagert die Schleife in der Drehachse 0, so wirkt das Drehmoment

$$M = d \sin \alpha \cdot F$$
oder $\quad M = d \sin \alpha \cdot B \, l \, I.$ \hfill (3.11)

Eine rechteckige Leiterschleife besitzt die Innenfläche

$$A = d \, l \text{ (Abb. 3.7).} \hfill (3.12)$$

Mit dem magnetischen Fluß

$$\Phi = B \, A, \hfill (3.13)$$

der bei senkrechter Lage der Fläche A zu den Feldlinien ($\alpha = 0$) durch diese hindurchtritt, ergibt sich das Drehmoment

$$M = \Phi \, I \sin \alpha. \hfill (3.14)$$

Ist anstelle einer Leiterschleife eine Spule mit mehreren Schleifen, d.h. w-Windungen vorhanden, so beträgt das Drehmoment

$$M = w \, \Phi \, I \sin \alpha. \hfill (3.15)$$

Wirkt dieses z.B. gegen eine Feder (Rückholfeder), so ist der Drehwinkel α ein Maß für die Größe des magnetischen Flusses Φ, bzw. der magnetischen Induktion B oder der elektrischen Stromstärke I.

Nach diesem Prinzip sind *Drehspul-Meßinstrumente* aufgebaut, bei denen der Drehwinkel mittels Zeiger auf einer Skala z.B. der Strom, der in der Drehspule fließt, angezeigt wird.

Auch bei einem *Elektromotor* kann auf diese Weise das Antriebsmoment erzeugt werden. Die Rückholfeder entfällt, und die Stromzuführung erfolgt über Schleifkontakte, bzw. Kohlebürsten und Kollektor (vgl. Abb. 3.22: Kollektor).

Ist ein großes Moment M erwünscht, so erfordert dies – neben einer hinreichend großen Stromstärke I – auch einen entsprechend großen Fluß Φ bzw. eine große magnetische Induktion B. Wird diese von einer Spule mit der Durchflutung I_D erzeugt, so ist die Größe der magnetischen Induktion B stark vom Material in der Spule abhängig. Der maßgebende Materialkennwert ist dabei die relative Per-

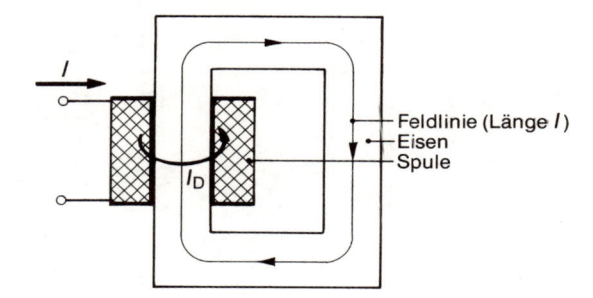

Abb. 3.8.
Stromdurchflossene Spule
mit geschlossenem
Eisenjoch (Schema).

meabilität μ_r. Bezugswert ist die magnetische Feldkonstante μ_o, also die Permeabilität für den leeren Raum (und näherungsweise für Luft):

$$\mu_o = 1{,}25 \cdot 10^{-6} \frac{\text{V s}}{\text{A m}} = \text{magnetische Feldkonstante}.$$

Bei Eisen ist die Permeabilität etwa 1000mal und bei speziellem Dynamoblech etwa 10000mal größer. Dieser „Vergrößerungs-Faktor" wird auch mit der Permeabilitätszahl μ_r ausgedrückt (relative Permeabilität). Damit gilt

$$\mu = \mu_o \mu_r. \tag{3.16}$$

Bezeichnet man den Umfang der geschlossenen Feldlinien in einem Eisenkern mit l (Abb. 3.8), so gilt

$$B \, l = \mu \, I_D. \tag{3.17}$$

Dies zeigt die Wirksamkeit des Eisens. Mit der gleichen Durchflutung I_D läßt sich mit ihm eine vielfach größere magnetische Induktion B gegenüber Luft erzielen (Induktivität). Daher wird bei fast allen Spulen in Transformatoren, Hubmagneten und Motoren Eisenblech bzw. hochwertiges *Dynamoblech* eingesetzt.

Befinden sich im magnetischen Kreis Materialien mit unterschiedlichen Permeabilitäten (wie z.B. Eisen und Luft bei Motoren), so lassen sich die Teilstrecken entlang der verschiedenen Bauteile wie Ständerkern, Luftspalt, Läuferzahn und Läuferkern getrennt betrachten (Abb. 3.9).

Hier gilt sinngemäß

$$\sum_{i=1}^{n} \frac{B_i l_i}{\mu_i} = I_D, \tag{3.18}$$

mit dem Summations-Index i für die i-te Teilstrecke der n verschiedenen Materialien.

96 Magnetismus und Elektrizität

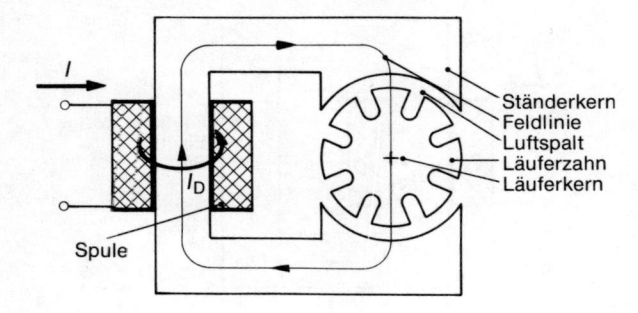

Abb. 3.9. Stromdurchflossene Spule mit Ständer und Läufer eines Elektromotors (Schema).

In der *magnetischen Feldstärke* oder magnetischen Erregung

$$H = \frac{B}{\mu} \qquad (3.19)$$

ist die relative Permeabilität des Materials bereits berücksichtigt.
Damit läßt sich das sogenannte *Durchflutungsgesetz* mit Hilfe des Linienintegrals

$$\oint H \, ds = I_D \qquad (3.20)$$

angeben. Die letzten beiden Gleichungen zeigen, daß die geringe relative Permeabilität μ_r der Luft bei gegebener magnetischer Induktion B (Kraftwirkung) eine hohe magnetische Feldstärke H benötigt. Daher erhöht bereits ein kleiner Luftspalt (Δs) den Wert des Linienintegrals sehr stark, was wiederum eine hohe Durchflutung I_D erfordert.

3.2.2 Generator

Während beim Elektromotor eine stromdurchflossene Spule (Läufer) in einem äußeren Magnetfeld (Ständer) eine Kraftwirkung erfährt, wird umgekehrt beim Bewegen eines Leiters, einer Schleife oder Spule in einem äußeren Magnetfeld eine Spannung induziert *(Induktionsgesetz)*.
Werden die Spulenenden durch das Anschließen eines Verbrauchers miteinander verbunden, so fließt infolge dieser Spannung auch ein Strom (Abb. 3.10). Wegen der Drehung der Spule gegenüber dem äußeren Magnetfeld ändert sich der mit der Spule verkettete magnetische Fluß ständig. Nach diesem Prinzip arbeiten die rotierenden elektrischen *Generatoren*, wobei auch die alternative Bauweise möglich ist: Das äußere Magnetfeld rotiert und die Spule steht fest, da nur die Relativbewegung zwischen Läufer und Ständer maßgebend ist.

Feststehende Spulen – bei Drehstrom sind es mindestens drei Spulen – vereinfachen die Stromabnahme. Das „äußere" Magnetfeld rotiert im Innenraum der Spulen (Vertauschung von Ständer und Läufer). Zur Erzeugung des Magnetfeldes bzw. des magnetischen Flusses werden bei kleinen Leistungen auch *Permanentmagnete* verwendet, was den Aufbau des Generators weiter vereinfacht (z. B. *Fahrraddynamo*).

Beim *Transformator* hingegen findet keine „mechanische" Bewegung statt. In einfachster Bauweise besteht er aus zwei Spulen und einem Eisenkern (vgl. Kap. 3.4.2, Transformator, Abb. 3.27). Hier wird die zeitliche Änderung des magnetischen Flusses in diesem feststehenden Eisenkern ausgenutzt.
Die in einer Spule induzierte Spannung wird als sogenannte *Quellenspannung* U_q eingeführt und berechnet sich aus

$$U_q = -w \frac{d\Phi}{dt}, \tag{3.21}$$

wobei $\quad w$ = Anzahl der Windungen

$\qquad \dfrac{d\Phi}{dt}$ = zeitliche Änderung des magnetischen Flusses in der Spule.

(Die Richtung der Spannung U_q ist entgegengesetzt zum möglichen Strom in der Spule. Damit ist für die von einem Generator oder Transformator erzeugte Spannung die gleiche Vorzeichenvereinbarung wie bei einer Batterie getroffen.)

3.2.3 Wechselstrom

Bei der Erzeugung von Wechselstrom findet das Induktionsgesetz (Kap. 3.2.2) eine anschauliche Anwendung.

Beispiel: Rotierende Spule in einem Magnetfeld (Abb. 3.10).
Das äußere Magnetfeld (erzeugt mittels Ständerspulen oder Permanentmagneten) sei konstant und besitze den magnetischen Fluß Φ_0. Während bei der Stellung $\alpha = 0$ der maximal mögliche magnetische Fluß $|\Phi| = \Phi_{max}$ mit der Spule verkettet ist, durchsetzt bei anderen Stellungen nur der Fluß

$$\Phi = \Phi_{max} \cos \alpha \tag{3.22}$$

die Spule. Mit dem Drehwinkel $\alpha = \omega t$, wobei ω = Winkelgeschwindigkeit (Kreisfrequenz), lautet die zeitliche Änderung des mit der Spule verketteten Flusses

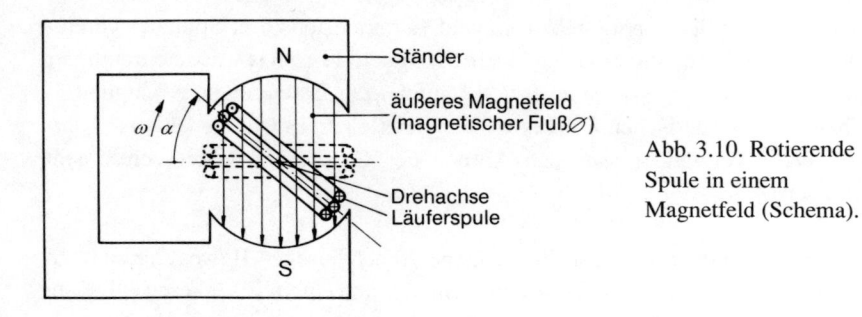

98 Magnetismus und Elektrizität

Abb. 3.10. Rotierende Spule in einem Magnetfeld (Schema).

$$\frac{d\Phi}{dt} = -\Phi_{max}\, \omega \sin \omega t. \qquad (3.23)$$

Nach dem Induktionsgesetz berechnet sich die (Quellen-)Spannung

$$U_q = w\, \Phi_{max}\, \omega \sin \omega t, \qquad (3.24)$$

wobei w = Anzahl der Spulenwindungen.

Mit der maximalen Spannung

$$U_{max} = w\, \Phi_{max}\, \omega \qquad (3.25)$$

wird $U_q = U_{max} \sin \omega t.$ (3.26)

Die Spannung, die man auf diese Weise erhält, ist sinusförmig (Abb. 3.11).

Die Periodendauer T ist der Reziprokwert der Frequenz

$$f = \frac{1}{T} \qquad (3.27)$$

mit

$$f = \frac{\omega}{2\pi}, \qquad (3.28)$$

wobei ω = Kreisfrequenz.

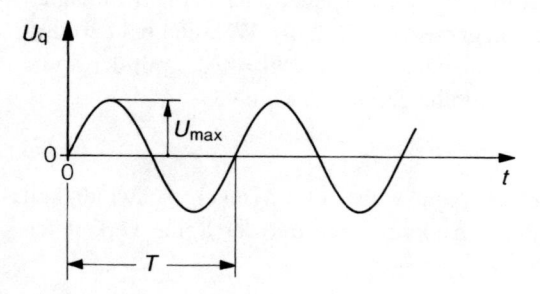

Abb. 3.11. Wechselspannung U_q in Abhängigkeit der Zeit t.

Im europäischen Verbundnetz beträgt die Frequenz

$$f = 50\,\frac{1}{s},$$

wobei für 1/s auch der Einheitenname Hertz (Hz) verwendet wird.

3.2.4 Drehstrom

Das Versorgungsnetz besteht bei einem Wechselstromkreis – außer dem Schutzleiter – aus zwei Leitern, die von Strömen gleicher Stromstärke, jedoch entgegengesetzter Richtung, durchflossen werden. Fügt man drei Wechselstromkreise, deren sinusförmige Spannungen jeweils um den Phasenwinkel $\varphi = 120°$ zeitlich versetzt sind, zusammen, so entsteht ein Drehstromsystem mit der zeitlichen Phasenverschiebung T_V (Abb. 3.12). Faßt man die drei „Rückleitungen" zu einem gemeinsamen Leiter (Nulleiter 0 oder Mittelpunktsleiter Mp) zusammen, so genügen vier anstelle von sechs Leitern, um die dreifache Leistung des einzelnen Wechselstromkreises zu übertragen. Bei gleicher Belastung der drei Stromkreise, deren Leiter man als die Außenleiter oder Phasen Ph_1, Ph_2, Ph_3 bezeichnet, heben sich die elektrischen Ströme im Mittelpunktsleiter sogar auf (d. h. $I_{Mp} = 0$).

Die Erzeugung des Drehstromes beruht auf dem gleichen Prinzip wie die Wechselstromerzeugung (Abb. 3.13). Drei Spulen sind jeweils um den Winkel $\beta = 120°$ auf einem gemeinsamen Läufer angeordnet. Rotiert dieser mit der Winkelgeschwindigkeit ω, so ergibt sich die zeitliche Phasenverschiebung

$$T_V = \frac{T}{3} = \frac{2\pi}{3\omega} \quad \text{(Abb. 3.12)}. \tag{3.29}$$

Um die Stromabnahme an den drei Spulen zu erleichtern, werden diese meist im feststehenden Generatorteil (Ständer) untergebracht, und der erforderliche mag-

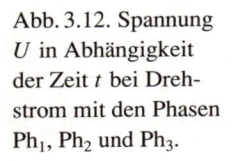

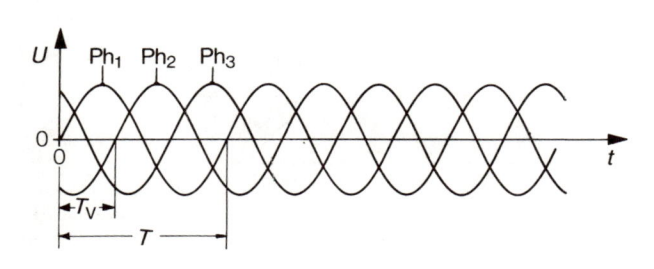

Abb. 3.12. Spannung U in Abhängigkeit der Zeit t bei Drehstrom mit den Phasen Ph_1, Ph_2 und Ph_3.

100 Magnetismus und Elektrizität

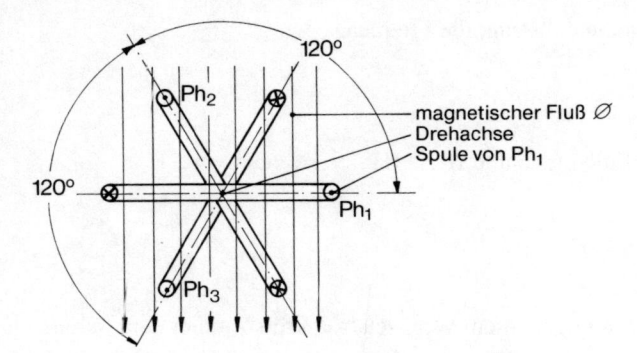

Abb. 3.13. Anordnung der Spulen Ph_1, Ph_2 und Ph_3 bei der Drehstromerzeugung.

netische Fluß Φ wird im Inneren der Spulenkörper vom beweglichen Teil (Läufer) erzeugt.

Die Drehstromnetze, die heute meist verwendet werden, haben noch weitere Vorteile. Legt man die Verbraucher jeweils zwischen Phase und Mittelpunktsleiter, so steht die Spannung U_{PhMp} (z. B. 230 V) zur Verfügung (*Sternschaltung*) (Abb. 3.14).

Schaltet man die Verbraucher jeweils zwischen die Phasen, wobei der Mittelpunktsleiter unbenützt bleibt, so steht die Spannung

$$U_{PhPh} = \sqrt{3}\ U_{PhMp}$$

(z. B. $\approx$ 400 V) zur Verfügung (*Dreieckschaltung*) (Abb. 3.15).

Drehstromnetze haben daher mehrere Vorteile gegenüber Wechselstromnetzen:
– es stehen zwei unterschiedliche Spannungen zur Verfügung.
– es lassen sich Zuleitungen bzw. Leiterquerschnitte einsparen (bei gleicher Leistung).

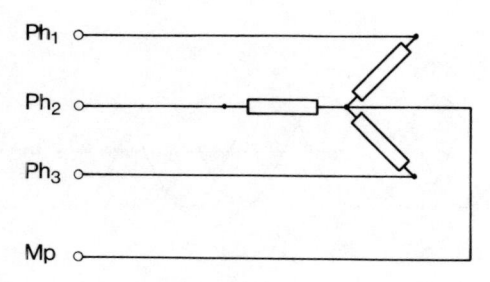

Abb. 3.14. Sternschaltung dreier Verbraucher.

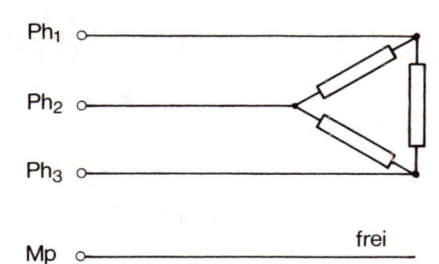

Abb. 3.15. Dreieckschaltung dreier Verbraucher.

– die definierte Phasenlage der drei Leiter und deren „Drehfeld" läßt sich bei Antrieben vorteilhaft nutzen (vgl. Kap. 3.5.2.1 Drehstrom-Asynchronmotor).

Hausgeräte mit kleinem Anschlußwert werden durchwegs mit Wechselstrom betrieben, d. h. vom Drehstromnetz werden nur eine Phase und der Mittelpunktsleiter zum Gerät geführt.

Hausgeräte mit großem Anschlußwert werden vielfach mit Drehstrom betrieben. Dazu werden drei, in seltenen Fällen nur zwei Phasen und der Mittelpunktsleiter zum Gerät geführt. Im Inneren des Gerätes werden die Verbraucher meist in *Sternschaltung* angeschlossen, da die Bauteile (z. B. Kochplatten) nur auf die Spannung U_{PhMp} (z. B. 230 V) ausgelegt sind. Steht ein Drehstromanschluß nicht zur Verfügung, so ist auch ein entsprechender Wechselstromanschluß möglich. Bei großen Strömen (ab $I \approx 16$ A) ist dazu allerdings eine festangeschlossene Gerätezuleitung mit hinreichend großem Querschnitt erforderlich.

Es ist zu beachten, daß – außer bei Geräten mit Schutzisolation oder vorgeschaltetem Trenntransformator – ein weiterer Leiter, der sogenannte *Schutzleiter*, zum Gerät geführt sein muß. Im Falle eines Gerätedefektes, z. B. durch schadhafte Isolation, schützt dieser die leitenden Gehäuseteile, bzw. den Menschen vor Spannung. (In den Bestimmungen für das Errichten von Starkstromanlagen mit Nennspannungen bis 1000 V der VDE 0100, sind die entsprechenden Schutzmaßnahmen aufgeführt).

3.3 Leistung und Arbeit

3.3.1 Leistung

Formelzeichen: P, SI-Einheit: Watt (W), $1\text{ W} = 1\,\dfrac{\text{J}}{\text{s}} = 1\,\dfrac{\text{N m}}{\text{s}}$.

Fließt ein elektrischer Strom mit der Stromstärke $I = 1$ A (Ampere) über ein Spannungsgefälle $U = 1$ V (Volt), so beträgt die elektrische Leistung $P = 1$ W (Watt). Die Leistung P berechnet sich (bei Gleichspannung bzw. Gleichstrom) zu:

$$P = U\,I. \tag{3.30}$$

Beispiel: Glühlampe mit Widerstand R (Abb. 3.16).
Die Leistung, die in Wärme (und Licht) umgesetzt wird, beträgt

$$P = U\,I.$$

Ist die Speisespannung U und der (Warm-)Widerstand R der Glühspirale bekannt, so errechnet sich – unter Anwendung des Ohmschen Gesetzes – die Leistung

$$P = \frac{U^2}{R}. \tag{3.31}$$

Aus dieser Beziehung ergeben sich zwei wichtige Folgerungen:
a) Spannungsschwankungen ΔU, z. B. im elektrischen Versorgungsnetz, wirken sich relativ stark (quadratische Funktion) auf die abgegebene Leistung P aus, was in der Praxis sehr störend sein kann (z. B. unterschiedlich lange Garzeiten bei Kochstellen).
b) Für eine bestimmte Leistung P benötigt man bei haushaltsüblicher Spannung (heute häufig noch $U = 220$ V, zukünftig $U = 230$ V) Heizleiter mit sehr großem Widerstand R und für Kleinspannung (z. B. $U = 12$ V) solche mit kleinem Widerstand.

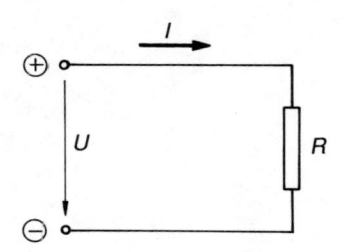

Abb. 3.16. Stromkreis mit ohmschem Verbraucher (Auschnitt Taschenlampe, Abb. 3.3).

Daher können beispielsweise Heizwendeln von Glühlampen für Kleinspannungen robuster ausgelegt bzw. thermisch höher belastet werden.

Ist die elektrische Spannung U eine Funktion der Zeit t, d. h. $U = U(t)$, so sind im allgemeinen auch die Stromstärke $I = I(t)$ und die Leistung

$$P(t) = U(t)\,I(t) \tag{3.32}$$

ebenfalls zeitlich veränderlich. Im Falle des Wechselstromes ist die Spannung

$$U(t) = U_{max} \sin \omega t. \tag{3.33}$$

Für den sogenannten ohmschen Verbraucher – wie es alle Heizleiter in Wärmegeräten darstellen – fließt der Strom

$$I(t) = \frac{U(t)}{R} = \frac{U_{max}}{R} \sin \omega t \tag{3.34}$$

oder $\quad I(t) = I_{max} \sin \omega t$ (Abb. 3.17).

Damit ergibt sich die Leistung

$$P = U_{max} \sin \omega t \cdot I_{max} \sin \omega t \tag{3.35}$$

und mit $\quad P_{max} = U_{max}\,I_{max}$

$P = P_{max} \sin^2 \omega t.$

Wegen $\quad \sin^2 \omega t = \frac{1}{2}(1 - \cos 2\omega t)$ läßt sich auch schreiben

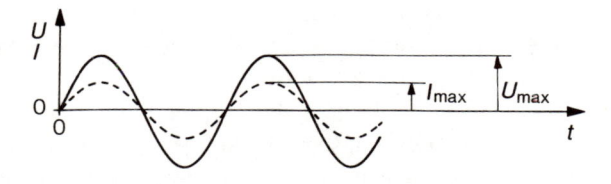

$$P = \frac{P_{max}}{2}(1 - \cos 2\omega t), \tag{3.36}$$

Abb. 3.17. Spannung U, Stromstärke I und Leistung P in Abhängigkeit der Zeit t bei Wechselspannung und ohmschem Verbraucher.

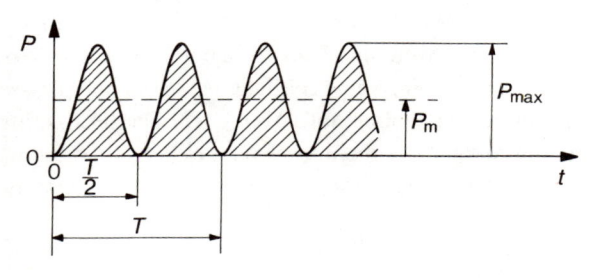

d. h. die Leistung wird im vorliegenden Fall nie negativ und schwingt mit der doppelten Frequenz der Wechselspannung.

Für die Praxis ist meist nur die mittlere Leistung P_m von Interesse, da die Wärmekapazität der Heizleiter (z. B. Glühwendel) und der umgebenden Materialien die Wärmeenergie innerhalb der kurzen Zeitintervalle (z. B. $\frac{T}{2} = \frac{1}{100}$ s) puffert. Die mittlere Leistung

$$P_m = \frac{1}{T} \int_{t=0}^{t=T} P_{max} \sin^2 \omega t \, dt \qquad (3.37)$$

wird $\qquad P_m = \frac{P_{max}}{2} = \frac{U_{max} I_{max}}{2} \qquad (3.38)$

und entspricht demnach einer konstanten Leistung, die im gleichen Zeitraum dieselbe Wärmeenergie freisetzen würde.

Mit Einführung der Effektivspannung und des Effektivstromes

$$U_{eff} = \frac{U_{max}}{\sqrt{2}}, \quad I_{eff} = \frac{I_{max}}{\sqrt{2}} \qquad (3.39), (3.40)$$

errechnet sich die mittlere Leistung (Scheinleistung)

$$P_m = U_{eff} I_{eff}.$$

Da Zeiger-Meßinstrumente für (sinusförmige) Spannung und Stromstärke wegen der mechanischen Trägheit ihres Meßwerkes ohnedies nur die Effektivwerte anzeigen, werden praktisch immer nur U_{eff} und I_{eff} verwendet und der Index „eff" vielfach stillschweigend weggelassen. Es ist aber zu beachten, daß bei einer Spannung von $U_{(eff)} = 230$ V tatsächlich eine Maximal- oder Spitzenspannung von $U_{max} \approx 325$ V auftritt.

Während die Leistungsberechnung beim *ohmschen Verbraucher* bei Wechselstrom analog wie bei Gleichstrom erfolgen kann, würde dies beim sogenannten *Nicht-ohmschen Verbraucher* zu falschen Ergebnissen führen. Bei der Speisung von Spulen, Motoren, Transformatoren und Kondensatoren mit Wechselstrom tritt im allgemeinen eine zeitliche Verschiebung *(Phasenverschiebung)* zwischen Strom und Spannung auf (Abb. 3.18). Da die Extremwerte von Spannung und Stromstärke nicht mehr zusammenfallen, ist die wirkliche Leistung (Wirkleistung) kleiner als die sogenannte (mittlere) Scheinleistung

$$P_s = U_{eff} I_{eff}. \qquad (3.42)$$

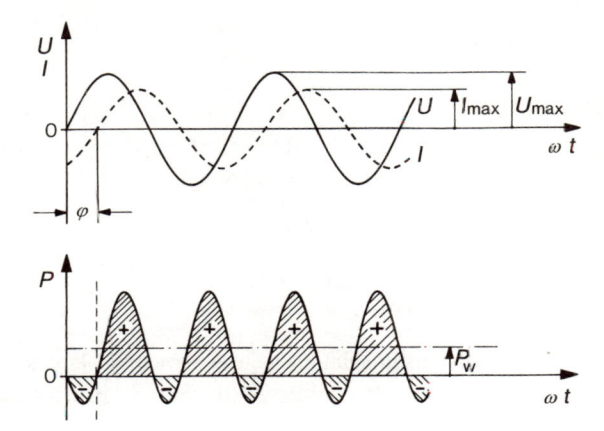

Abb. 3.18. Spannung U, Stromstärke I und Leistung P in Abhängigkeit des Phasenwinkels ωt bei Wechselspannung und Nicht-ohmschem Verbraucher.

(Als Einheit der Scheinleistung wird zur Unterscheidung gegenüber der Wirkleistung meist V A = Volt · Ampere verwendet.)
Mit dem Winkel φ, der die Phasenverschiebung zwischen Spannung und Stromstärke ausdrückt, ergibt sich die (mittlere) Wirkleistung

$$P = P_s \cos \varphi = U_{\text{eff}} I_{\text{eff}} \cos \varphi. \tag{3.43}$$

Den Faktor cos φ nennt man den *Leistungsfaktor,* wobei φ im Bereich von –90° bis +90° liegen kann. Es ist hierbei zu berücksichtigen, daß in den Leitungen, Sicherungen usw. und auch im Gerät ein größerer Strom fließt, als es die Wirkleistung (z. B. bei cos $\varphi = 1$) eigentlich erfordern würde. Diese größere Stromstärke verursacht zwangsläufig auch größere Verluste aufgrund der unvermeidlichen Widerstände in Zuleitungen, Transformatoren oder Generatoren, wodurch es auch zu unerwünschten Erwärmungen und Spannungsverlusten kommt. Im Grenzfall bei cos $\varphi = 0$, d. h. Phasenwinkel $\varphi = \pm 90°$, würde überhaupt keine Wirkleistung mehr erbracht werden.

Um die elektrische Energie bestmöglich zu nutzen und größere Verluste in den Zuleitungen und dergleichen zu vermeiden, wird bei elektrischen Hausgeräten meist cos $\varphi \approx 1$ angestrebt. Anders ist dies oftmals bei einzelnen Bauteilen.

Beispiel: Kondensator (Abb. 3.19).
Liegt der Kondensator mit der *Kapazität C* an der Wechselspannung

$$U(t) = U_{\max} \sin \omega t, \tag{3.44}$$

so besitzen seine Platten die elektrische Ladung

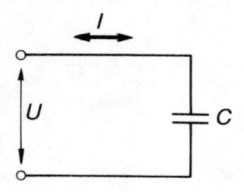

Abb. 3.19. Kondensator (mit der Kapazität C) in einem Stromkreis.

$$Q_L(t) = C\, U(t) \tag{3.45}$$
oder $\quad Q_L(t) = C\, U_{max} \sin \omega t.$

Da die Kondensatorplatten gegeneinander isoliert sind, kann die Stromstärke I in der Zuleitung nur von der zeitlichen Änderung dieser Ladung herrühren.

Die Momentanstromstärke

$$I(t) = \frac{dQ_L}{dt} \tag{3.46}$$

ergibt sich explizit zu

$$I(t) = \omega C\, U_{max} \cos \omega t \tag{3.47}$$
oder $\quad I(t) = I_{max} \cos \omega t.$

Diese Cosinus-Funktion der Stromstärke ist demnach gegenüber der Sinus-Funktion der Spannung um den Winkel $\varphi = 90°$ phasenverschoben, wobei der Strom voreilt. Wegen $\cos 90° = 0$ ist die Wirkleistung $P = 0$.

Die Maximalstromstärke

$$I_{max} = \omega C\, U_{max} \tag{3.48}$$

zeigt, daß z. B. mit steigender Kreisfrequenz ω die „Durchlässigkeit" des Kondensators zunimmt, jedoch z. B. für $\omega = 0$ ebenfalls Null ist. In Analogie zum ohmschen Widerstand, definiert man den sogenannten kapazitiven Widerstand

$$R_K = \frac{1}{\omega C}, \tag{3.49}$$

der mit der formalen Anwendung des ohmschen Gesetzes die Maximalstromstärke

$$I_{max} = \frac{U_{max}}{R_K} \tag{3.50}$$

oder die Effektivstromstärke

$$I_{\text{eff}} = \frac{U_{\text{eff}}}{R_K} \qquad (3.51)$$

liefert.

Kondensatoren werden bei elektrischen Hausgeräten wegen ihrer Eigenschaft, den Strom gegenüber der Spannung zeitlich zu verschieben, wegen der galvanischen Trennung, wegen der „Durchlässigkeit" bei hohen Frequenzen und wegen ihres Energiespeichervermögens verwendet.

Beispiel: Spule (Abb. 3.20).
Liegt eine Wechselspannung

$$U(t) = U_{\max} \sin \omega t$$

an einer Spule, so fließt die Stromstärke $I(t)$, welche ein wechselndes magnetisches Feld erzeugt. Dieses induziert wiederum eine Gegenspannung, die der angelegten Spannung $U(t)$ entgegen wirkt (Selbstinduktion). Bei einer idealen Spule (ihr ohmscher Widerstand ist Null) entsteht an der Spule der Spannungsabfall

$$U(t) = L \frac{dI}{dt}, \qquad (3.52)$$

wobei L = *Induktivität* der Spule.

Bei sinusförmiger Wechselspannung ergibt sich damit die Stromstärke

$$I(t) = \frac{U_{\max}}{L} \int \sin \omega t \qquad (3.53)$$

und damit

$$I(t) = \frac{U_{\max}}{\omega L} (-\cos \omega t) + I_0. \qquad (3.54)$$

Bei Vernachlässigung der Integrationskonstanten I_0, welche lediglich die Anfangsbedingung, bzw. den Einschaltstromstoß darstellt, wird

$$I(t) = \frac{U_{\max}}{\omega L} (-\cos \omega t). \qquad (3.55)$$

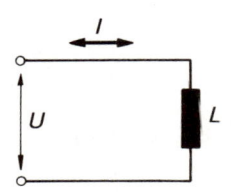

Abb. 3.20. Spule (Induktivität L) in einem Stromkreis.

Dieser Strom ist gegenüber der Spannung um den Winkel $\varphi = 90°$ phasenverschoben, und zwar eilt der Strom nach. Wegen $\cos(-90°) = 0$ ist die Wirkleistung $P = 0$.

Mit Einführung des sogenannten induktiven Widerstandes

$$R_L = \omega L \tag{3.56}$$

wird die Maximalstromstärke

$$I_{max} = \frac{U_{max}}{R_L} \tag{3.57}$$

und die Effektivstromstärke

$$I_{eff} = \frac{U_{eff}}{R_L}. \tag{3.58}$$

Demnach wird für Gleichstrom ($\omega = 0$) der induktive Widerstand $R_L = 0$. Aus diesem Grund nehmen Hausgeräte mit Transformatoren, Spulen und Motoren, die nur für Wechselstrom ausgelegt sind, bei Anschluß an Gleichstrom meist Schaden.

Bei einer realen Spule besitzt der Wicklungsdraht auch Eigenschaften eines ohmschen Widerstandes R, an dem eine Wirkleistung anfällt. Wie im Draht, so wird auch im Eisen- oder Blechpaket – falls vorhanden – Energie umgesetzt, die sich in Form von Wärme äußert.

Hinsichtlich der Phasenverschiebung zwischen Stromstärke und Spannung verhält sich ein Kondensator entgegengesetzt wie eine Spule bzw. eine Induktivität. Um einen ungünstigen Leistungsfaktor ($\cos \varphi$ ist klein), der z.B. von schlecht ausgelasteten Motoren und Transformatoren hervorgerufen wird, zu verbessern, schaltet man vielfach Kondensatoren parallel. Diese sogenannte *Blindstromkompensation* verkleinert die Ströme und damit die Verluste in den Zuleitungen.

Bei *Drehstrom* mit mehreren Verbrauchern (z.B. Heizleiter) kann die Leistung für jeden Verbraucher (unabhängig von der Schaltung) getrennt berechnet und anschließend zu einer Gesamtleistung addiert werden. Bei symmetrischer Belastung (drei gleiche Verbraucher oder Verbrauchergruppen werden mit den drei Phasen gespeist) ist auch eine gemeinsame Leistung berechenbar.

Bei der *Sternschaltung* (vgl. Abb. 3.14) liegen an jedem der drei Verbraucher die Spannung

$$U = U_{PhMp} = \frac{U_{PhPh}}{\sqrt{3}} \tag{3.59}$$

und der Strom

$$I = I_{Ph}, \tag{3.60}$$

wobei nur Effektivwerte angesetzt werden (Index: Ph = Phase, Mp = Mittelpunktsleiter).

Bei der *Dreiecksschaltung* (vgl. Abb. 3.15) liegen am Verbraucher die Spannung

$$U = U_{PhPh} \tag{3.61}$$

und
$$I = \frac{I_{Ph}}{\sqrt{3}}. \tag{3.62}$$

Die gesamte Wirkleistung P, die an den drei Verbrauchern anfällt, beträgt

$$P = 3\,U\,I\cos\varphi. \tag{3.63}$$

Bei Sternschaltung ergibt sich

$$P = 3\,\frac{U_{PhPh}}{\sqrt{3}}\,I_{Ph}\cos\varphi \tag{3.64}$$

bei Dreiecksschaltung

$$P = 3\,U_{PhPh}\,\frac{I_{Ph}}{\sqrt{3}}\cos\varphi, \tag{3.65}$$

weshalb in beiden Fällen gilt:

$$P = \sqrt{3}\,U_{PhPh}\,I_{Ph}\cos\varphi. \tag{3.66}$$

Sind die Verbraucher bei beiden Schaltungen gleich groß, so ergibt sich bei Sternschaltung eine kleinere Leistung als bei Dreiecksschaltung, da der Strom I_{Ph} zwangsläufig unterschiedlich ist. Dieser Effekt wird mit der „Stern-Dreieck-Anlaßschaltung" bei großen Motoren genutzt

3.3.2 Arbeit

Formelzeichen: W, SI-Einheit: Joule (J), 1 J = W s.

Wirkt eine konstante (Wirk-)Leistung P während der Zeit t, so wird dabei die Arbeit

$$W = P\,t \tag{3.67}$$

erbracht. Im Falle einer zeitveränderlichen Leistung $P(t)$ errechnet sich die Arbeit zwischen den Zeiten t_1 und t_2 zu

$$W = \int_{t=t_1}^{t=t_2} P(t)\,dt. \tag{3.68}$$

Bei vielen Hausgeräten wird Leistung und Arbeit durch *Takten der Leistung* bzw. des Systems auf den gewünschten Wert reduziert (z. B. Heizleiter, Glühlampen, Motorenwicklungen, Magnetrons). Erfolgt dies periodisch, so vereinfacht sich die Betrachtung gemäß Gleichung 3.68.

Beispiel: Takten eines Heizleiters (Abb. 3.21).
Wäre der Heizleiter ständig vom elektrischen Strom durchflossen, so gäbe er die maximale Leistung P_{max} ab. Für die gesamte Dauer T ergäbe dies die Arbeit

$$W_{max} = P_{max}\,T. \tag{3.69}$$

In vorliegendem Fall wird die Leistung P_{max} nur während der Zeitintervalle T_E eingeschaltet und bleibt während der Zeitintervalle T_A ausgeschaltet. Der Integralausdruck für die Arbeit vereinfacht sich zu

$$W = P_{max}\,\Sigma\,T_E \tag{3.70}$$

und entspricht in der Abbildung den fein-schraffierten Flächen.

In der Praxis interessiert vor allem die mittlere Leistung

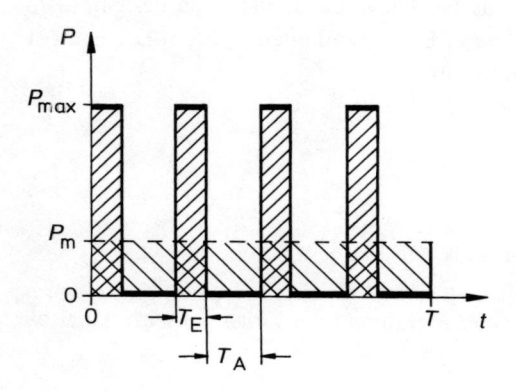

$$P_m = P_{max}\,\frac{T_E}{T_E + T_A} = P_{max}\,t_{rel}, \tag{3.71}$$

Abb. 3.21. Leistung P in Abhängigkeit von der Zeit t bei einem periodisch getakteten Heizleiter (Maximalleistung P_{max}) während der Dauer T.

wobei $\quad t_{rel} = \dfrac{T_E}{T_E + T_A} =$ relative Einschaltdauer.

P_m kann demnach durch die Wahl von T_E und T_A zwischen 0 und P_{max} verändert werden. Daraus ergibt sich die Arbeit

$$W = P_m T \qquad (3.72)$$

und entspricht in der Abbildung der grob-schraffierten Fläche (Ersatzfläche), die flächengleich mit der fein-schraffierten ist.

Deutlich andere Verhältnisse als bei „Heizsystemen" ergeben sich bei Kondensatoren und Spulen.
Bei der Berechnung der Leistung (Kap. 3.3.1) zeigte sich, daß an einem (idealen) Kondensator und einer (idealen) Spule keine Wirkleistung anfällt. Es darf aber nicht übersehen werden, daß sowohl in einem Kondensator, als auch in einer Spule Arbeit oder *Energie* gespeichert werden kann.

Ein *Kondensator* mit der Kapazität C ist zunächst ungeladen ($U = 0$) und wird auf die Spannung U_E aufgeladen. Die elektrische Arbeit, die er dabei während des Zeitelementes dt aufnimmt, beträgt

$$dW = U I \, dt. \qquad (3.73)$$

Aus der Ladung

$$Q_E = C U \qquad (3.74)$$

folgt $\quad dQ_E = C \, dU \qquad (3.75)$

oder $\quad I \, dt = C \, dU. \qquad (3.76)$

Damit berechnet sich die Energie

$$W = \int_1^2 dW = \int_{U=0}^{U=U_E} U C \, dU = \frac{1}{2} C U_E^2. \qquad (3.77)$$

Die Energiebeträge, die in einem Kondensator aufgespeichert werden können, sind klein (wenige Ws); sie genügen aber, um dem Menschen unangenehme Stromstöße zu verabreichen. Bei Hausgeräten ist vielfach ein Kondensator parallel zu den Anschlüssen des Netzsteckers geschaltet, um „Störfrequenzen" zu tilgen (Entstörkondensator). Ist der sogenannte Entladewiderstand (sehr hochohmig) fehlerhaft, so kann man bei Berührung der Steckerstifte des gezogenen Netzsteckers unter Umständen einen „elektrischen Schlag" erhalten.

Auch in einer *Spule* mit der Induktivität L kann Energie – jedoch in Form eines Magnetfeldes – gespeichert sein. Die während eines kleinen Zeitabschnittes aufgenommene Energie

$$dW = L\,I\,dI \tag{3.78}$$

ergibt nach Integration die magnetische Energie

$$W = \frac{1}{2} L\,I^2, \tag{3.79}$$

wobei I = Stromstärke in der Spule.

Bei einer plötzlichen Unterbrechung des Stromkreises entsteht eine sehr hohe Selbstinduktionsspannung, welche zu Funken oder Lichtbogen an der Unterbrechungsstelle führen kann. Dabei wird die magnetische Energie in Wärmeenergie umgewandelt. Bei einem Schalter führt dieser Effekt oft zu einem starken Abbrand der Kontakte. Mit Hilfe sog. Funkenlöschglieder läßt sich dies weitgehend vermeiden.

3.4 Umformung elektrischer Energie

3.4.1 Gleichrichter

Die Enden einer im Magnetfeld rotierenden Spule sind nicht auf geschlossene Schleifringe, sondern auf zwei halbierte Ringe geführt (Abb. 3.22). Da diese mitrotieren, jedoch die zugehörigen Schleifkontakte feststehen, wird der Wechsel-

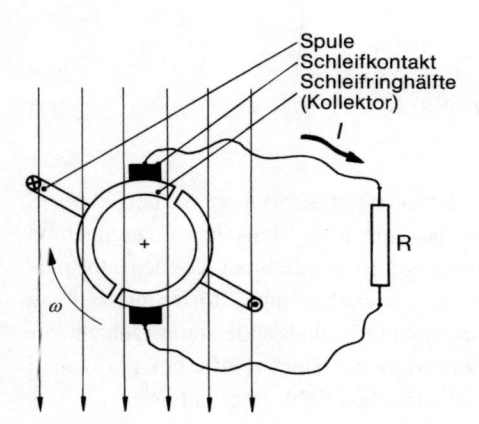

Abb. 3.22. Spule mit Kollektor im Magnetfeld und Verbraucher R (Schema).

Abb. 3.23. Stromstärke *I* in der Spule und im Verbraucher in Abhängigkeit der Zeit *t*.

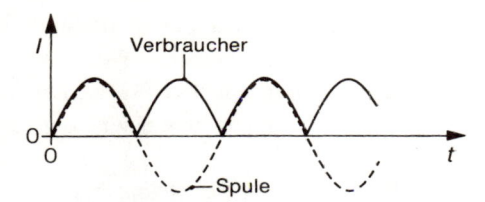

strom in der Spule zu einem *welligen Gleichstrom* im angeschlossenen Verbraucher R (Abb. 3.23). Die geteilten Schleifringe werden auch als *Stromwender*, *Kommutator* oder *Kollektor* bezeichnet, die Schleifkontakte als *Bürsten*, *Kohlebürsten* oder kurz *Kohlen*. (In der Praxis werden meist mehrere Spulen versetzt gewickelt und dabei die Ringsegmente feiner unterteilt. Der Stromverlauf ändert sich dadurch entsprechend, d. h. er „glättet" sich).

Wechselspannungen lassen sich auch erst nachträglich gleichrichten. Hierzu verwendet man *Halbleiterelemente*, z. B. Dioden. Diese besitzen die Eigenschaft, den Strom nur in einer Richtung durchzulassen, die entgegengesetzte Richtung aber zu sperren. Schaltet man eine *Diode* in einen Stromkreis, der mit einer Wechselspannung

$$U(t) = U_{max} \sin \omega t$$

gespeist wird, so kann jeweils nur während einer Halbwelle Strom fließen (Abb. 3.24 und Abb. 3.25). Damit ist auch die Leistung halbiert, die an einem ohmschen Verbraucher sonst ohne Diode anfiele. In einfachster Weise wird so-

Abb. 3.24. Diode D und Schalter S mit Verbraucher R in einem Stromkreis.

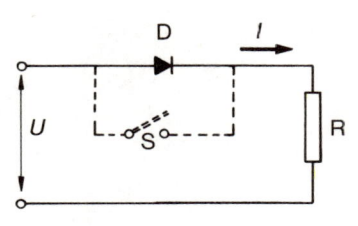

Abb. 3.25. Stromstärke *I* in Abhängigkeit der Zeit *t* bei Wechselspannung und Einweg-Gleichrichtung.

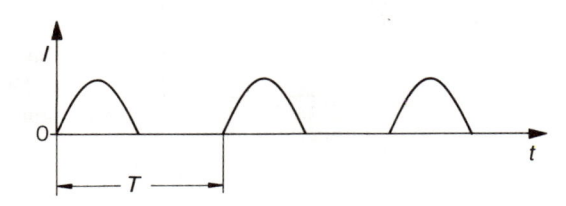

mit der Schalter S zu einem Wahlschalter für zwei verschiedene Leistungen bei Heizleitern oder in ähnlicher Weise bei Motoren (z. B. Haartrockner). (Diese Schaltungsart muß jedoch auf kleine Leistungen beschränkt bleiben, da sonst die sinusförmige Netzspannung unzulässig verzerrt wird).

Mit vier Dioden in einer sogenannten *Graetz-Schaltung* wird eine *Doppelweg-Gleichrichtung* erzielt (Abb. 3.26). Die gleichgerichtete Wechselspannung bewirkt in einem ohmschen Verbraucher den Gleichstrom

$$I(t) = I_{max} \left| \sin \omega t \right|$$

(in gleicher Weise wie in Abb. 3.23 im Verbraucher).

Bei einem verlustlosen Gleichrichter besteht dabei kein Unterschied zwischen der Leistung, die bei Wechselstrom oder bei Gleichstrom am ohmschen Verbraucher R umgesetzt wird. Schaltet man parallel zum Verbraucher R den Kondensator C, so läßt sich der wellige Gleichstrom teilweise glätten. (Die Leistung am Verbraucher erhöht sich dabei entsprechend). Dieser Gleichstrom ist dann demjenigen, wie ihn Batterien oder Akkumulatoren liefern, schon sehr ähnlich. Jedoch ist bei einem Kondensator, auch wenn er eine sehr große Kapazität besitzt, bei Belastung noch eine geringe Restwelligkeit des Gleichstromes vorhanden. Diese kann mittels elektronischer Regler nahezu völlig beseitigt werden (Spannungskonstanthalter).

Bei Hausgeräten werden Gleichrichter z. B. in elektronischen Steuerungen, in Hörfunk-, Phono- und Fernsehgeräten, in Ladegeräten für Akkumulatoren und bei elektrischen Antrieben eingesetzt (z. B. Schneidemaschine).

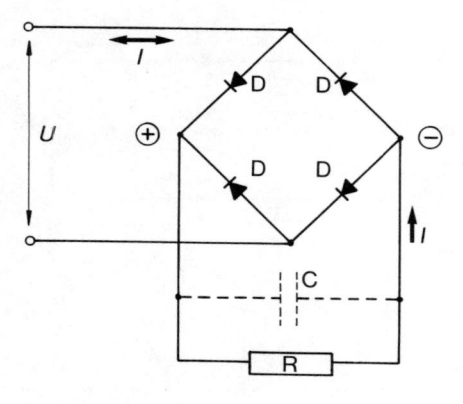

Abb. 3.26. Doppelweg-Gleichrichter mit Dioden D, Verbraucher R und Kondensator C.

3.4.2 Transformator

Ein besonderer Vorzug von Wechselstrom und Drehstrom ist die Möglichkeit, mit Hilfe eines Transformators (Trafo) ihre *Spannungen umzuformen*, d. h. zu erhöhen oder zu erniedrigen. Er besteht im wesentlichen aus einer Eingangs- und Ausgangswicklung (Primär- und Sekundärwicklung), die sich auf einem gemeinsamen Eisenkern befinden (Abb. 3.27). Demnach werden beide Spulen – bei Vernachlässigung von Streufeldern – vom gleichen Fluß Φ durchsetzt. Nach dem Induktionsgesetz (Kap. 3.2.2) wird bei einem „idealen" (d. h. verlustfrei arbeitenden) Transformator in Spule 1 die Spannung

$$U_1 = w_1 \frac{d\Phi}{dt} \qquad (3.80)$$

und in Spule 2 die Spannung

$$U_2 = w_2 \frac{d\Phi}{dt} \qquad (3.81)$$

erzeugt. Bei einem realen Transformator muß die Wicklungszahl der Spule 2 (Sekundärspule) geringfügig höher ausgelegt werden als beim idealen Transformator, da Eigenverluste auftreten. Dabei ist w_1 und w_2 die Anzahl der Spulenwindungen. Demnach verhalten sich an einem verlustlosen Transformator die Spannungen wie die Windungszahlen. Wird z. B. die Spannung

$$U_1 = U_{1,\max} \sin \omega t \qquad (3.82)$$

von außen aufgeprägt (z. B. Anschluß an Wechselspannung), so ergibt sich

$$U_2 = \frac{w_2}{w_1} U_{1,\max} \sin \omega t. \qquad (3.83)$$

Das Verhältnis der Windungszahlen wird auch als Übersetzungsverhältnis

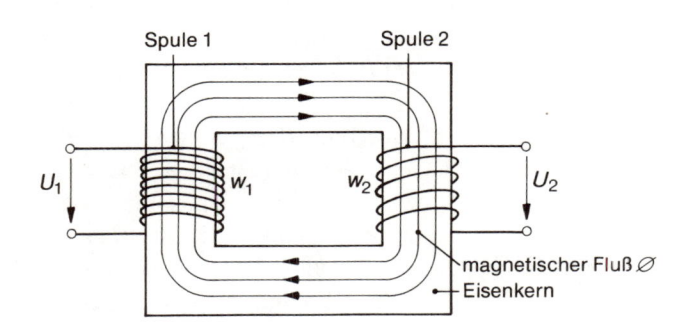

Abb. 3.27. Einphasen-Transformator (Schema).

$$\ddot{u} = \frac{w_2}{w_1} \tag{3.84}$$

bezeichnet.
Andererseits läßt sich zeigen, daß sich beim belasteten Transformator die Ströme von Primär- zu Sekundärseite umgekehrt wie die Windungszahlen verhalten. Dies entspricht auch dem Energieerhaltungssatz der Elektrotechnik

$$U_1 I_1 = U_2 I_2. \tag{3.85}$$

Beim realen Transformator treten – wie bei der realen Spule – Verluste im Draht und im Eisen (Trafoblech) auf, die Wärme freisetzen. Diese Verluste haben auch Einfluß auf das erforderliche Übersetzungsverhältnis, um eine bestimmte Spannung am Ausgang zu erzielen.

Ist das *Übersetzungsverhältnis variabel*, z. B. mittels verschiedener Wicklungsanzapfungen, so ist die Primärseite verschiedenen Eingangsspannungen angleichbar, oder die Sekundärseite liefert verschiedene Ausgangsspannungen. Letzteres erreicht man beim *Stell-Transformator* auch mittels verstellbarer Spulen bzw. Eisenkerne, wobei der magnetische Fluß verändert bzw. verzweigt wird.

Beim *Spartransformator* besitzen die Primärseite und die Sekundärseite einen gemeinsamen Spulenteil, d. h. man spart Windungen, bzw. Draht. Hierbei besteht jedoch eine galvanische (elektrisch leitende) Verbindung zwischen Primär- und Sekundärseite.

Ein *Drehstrom-Transformator* arbeitet im Prinzip wie der beschriebene Einphasen-Transformator. Sein Eisenkern besitzt z. B. die Form einer eckigen Acht, auf dessen drei Joche je zwei Wicklungen aufgebracht sind.

Transformatoren werden im elektrischen Versorgungsnetz eingesetzt, um auf große Entfernungen die Energie mit hohen Spannungen (z. B. 380 000 V) zu übertragen. Bei einer vorgegebenen Leistung und hoher Spannung ist die Stromstärke entsprechend klein. Es genügen also geringe Leiterquerschnitte, bzw. die Verlust-Leistung ($P_V = I^2 R$) in den Leitern ist gering.

Ist hingegen diese *Wärmeentwicklung* erwünscht, wie es im Heizleiter eines Wärmegerätes der Fall ist, so ist eine niedrige Spannung vorteilhaft. Auch zur Erzeugung starker Magnetfelder mittels Spulen genügen dann wenige Windungen mit entsprechend dickem Draht (z. B. elektrischer Türöffner). Die hohe mechanische Festigkeit eines dicken Drahtes ist auch bei Glühlampen wichtig, um eine besonders hohe Glühtemperatur und damit Lichtausbeute zu ermöglichen

(z. B. Niederspannungs-Projektorlampen). Niedrige Spannungen besitzen auch den Vorzug der geringeren Gefährdung des Menschen (z. B. Schutzkleinspannung). Besonders bei Kinderspielzeug ist dies von Bedeutung. Elektromotorisches Spielzeug darf gemäß Norm VDE 0100 nur mit maximal 24 V betrieben werden.

Da keine galvanische Verbindung (außer beim Spartransformator) zwischen Primär- und Sekundärseite besteht – die Energie wird ja magnetisch übertragen –, kann ein Transformator neben der Spannungswandlung auch zur Trennung von Stromkreisen dienen (*Trenn-Transformator*). Auch bei Schutzmaßnahmen gegen elektrische Unfälle im Haushalt wird dies ausgenützt. Die sogenannte Schutztrennung wird z. B. bei Steckdosen für elektrische Rasierapparate angewandt.

Einige Trafos sind im Haushalt ständig am elektrischen Versorgungsnetz angeschlossen. Bei Betrieb – sowohl bei Belastung (auf der Sekundärseite wird Leistung abgenommen), als auch im *Leerlauf* (keine Leistungsabnahme) – hat er Verluste, die sich in Abwärme bemerkbar machen.
Tritt in einem Haushalt z. B. eine Verlustleistung $P_V = 10$ W auf, so ergibt sich in einem Jahr für den Haushalt die Verlustenergie von 87,6 kWh. Für die gesamte Bundesrepublik Deutschland (einschließlich der neuen Bundesländer) mit etwa 34 Mio. Haushalten entsteht damit eine Verlustleistung $P_{V,\,ges} = 340\,000$ kW. Dies entspricht der Nennleistung eines mittelgroßen Kraftwerkblocks. Durch den Dauerbetrieb kommt auf diese Weise in einem Jahr die Verlustenergie von nahezu 3 Mrd. kWh zustande, welche bei heutigen Energiekosten einem Wert von über 500 Mio. DM entspricht.

Transformatoren werden im Haushalt zunehmend in Verbindung mit *Halogen-Glühlampen* eingesetzt. Bei Speisung der Lampen mit Kleinspannung (z. B. $U = 12$ V) lassen sich hohe Glühfadentemperaturen erzielen, wodurch sich beste Lichtausbeute erreichen läßt. Die Bezeichnung „Halogen" ergibt sich aus der Verwendung eines Halogens, z. B. Brom, als Füllgas für den Quarzkolben. Dampft von der glühenden Wolframwendel Metall ab, so geht es mit dem Halogen eine chemische Verbindung ein, die an der heißesten (dünnsten) Stelle der Wendel wieder zerfällt, wobei sich das Metall wieder ablagert (Kreislauf, der die Wendel „regeneriert") (*Wolframkreislauf*).
Beim Betrieb mehrerer oder leistungsstarker Glühlampen treten wegen der Kleinspannung große Stromstärken auf. In konventioneller Bauart (vgl. Abb. 3.27) sind die dafür erforderlichen Transformatoren schwer und groß (Kupferwicklung und Blechpaket).

3.4.3 Elektronische Vorschaltgeräte

Zur Speisung der eben beschriebenen *Halogen-Glühlampen* werden neuerdings „elektronische Transformatoren" verwendet, die im Vergleich zu den beschriebenen konventionellen erheblich leichter (teilweise nur 20% des Gewichtes) und auch deutlich kleiner sind.

Sie können auch in *Phasenanschnittssteuerung* betrieben werden, d. h. aus der sinusförmigen Wechselspannung werden nur Teilintervalle der Sinuskurve zum Stromfluß genutzt. Damit ist die Leistung und die Helligkeit der Lampen stufenlos regelbar (dimmbar) was neben dem Komfort auch der Energieeinsparung dient.

Erreicht werden diese Eigenschaften durch folgende Wirkungsweise. Die sinusförmige Wechselspannung des Haushaltsnetzes (230 V; 50 Hz) wird gleichgerichtet (Gleichrichter Gl, Abb. 3.28). An den beiden gleich großen Kondensatoren C1 und C2 liegt die halbe Gleichrichterspannung an.

Periodisch abwechselnd schließen die Schalter S1 und S2. Damit wird jeweils ein Kondensator entladen und der komplementäre geladen, wobei jedesmal ein Stromstoß I in wechselnder Richtung durch den *Leistungs-Übertrager* LÜ fließt. Der Wechselstrom in dessen Primärspule erzeugt eine Wechselspannung in der Sekundärspule bzw. bei Anschluß des Verbrauchers R (z. B. Glühlampe) einen Wechselstrom.

In der realen Schaltung (Abb. 3.29) sind S1 und S2 Thyristoren, die durch Zündimpulse leitend werden. Diese Zündimpulse lassen sich beispielsweise mit einem kleinen Steuertrafo erzeugen, der in Serie zur Primärwicklung von LÜ liegt und durch diese Rückkopplung selbst schwingt *(Oszillatorschaltung)*.

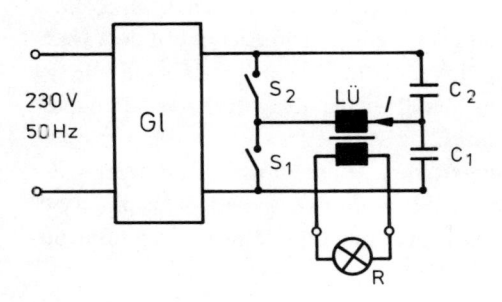

Abb. 3.28. Prinzipschaltbild eines elektronischen Transformators
(Gl = Gleichrichter;
S1 und S2 = Schalter;
LÜ = Leistungs-Übertrager;
C1 und C2 = Kondensatoren;
R = Verbraucher, hier Glühlampe).

Abb. 3.29. Reale Schaltung eines elektronischen Transformators.

Dabei werden Frequenzen von 30 kHz bis 50 kHz erzeugt. Diese bis zu 1000-mal höhere Betriebsfrequenz gegenüber konventionellen Transformatoren ermöglicht eine kleinere Bauweise, da der Leistungs-Übertrager mit minimalem Kernquerschnitt (Dynamoblech) auskommt.

Die hohe Frequenz liegt auch deutlich über der Hörschwelle des menschlichen Gehörs, so daß ggf. Geräusche durch mechanische Schwingungen des Systems unhörbar bleiben – im Gegensatz zum typischen „50-Hz-Brummen" konventioneller Systeme.

Zur Speisung von *Leuchtstofflampen* (Niederdruck-Entladungslampen) werden ebenfalls elektronische Vorschaltgeräte verwendet, die den beschriebenen elektronischen Transformatoren ähnlich sind. Anstelle des Leistungsübertragers benötigt man eine *Spule* und zusätzlich eine *Zündschaltung*.

Die Spule (*Drossel*) ist notwendig, um den Lampenstrom zu begrenzen (negative Widerstandscharakteristik der Lampe), die Zündschaltung, um die Lampe beim Start vorzuheizen (Elektronenemission der Heizwendel) und schließlich mit einer hinreichend großen Spannung (z. B. 1000 V) zu zünden.

Gegenüber den konventionellen Vorschaltgeräten für Leuchtstofflampen, die mit der Netzfrequenz von 50 Hz betrieben werden, haben elektronische erhebliche Vorteile:
– geringeres Gewicht
– kleinere Abmessungen
– höhere Lichtausbeute
– kein hörbares „Brummen"
– kein störendes Lampenflimmern.

Elektronische Schaltungen werden zunehmend auch bei elektrischen Antrieben verwendet, um den nachfolgend behandelten Elektromotoren – je nach Verwendungszweck im Haushalt – ein bestimmtes „Betriebsverhalten" zu geben.

3.5 Elektromotoren

Elektromotoren werden im Haushalt in den unterschiedlichsten Geräten genutzt. Sie dienen zum Antrieb von Werkzeugen bei Küchenmaschinen, Gebläserädern bei Lüftern, Wasserpumpen für Geschirrspülmaschinen und Waschmaschinen, Trommeln von Waschmaschinen, Wäscheschleudern und Trocknern sowie für Uhren bzw. Programmschaltwerke.

Bei Elektromotoren nutzt man die Kraftwirkung des elektrischen Stromes. Jeder Elektromotor besitzt einen rotierenden Teil, den „Läufer", und einen feststehenden Teil, den „Ständer". Zur Erzeugung des Drehmomentes benötigen beide Teile ein Magnetfeld, das im allgemeinen von den Kraftwirkungen stromdurchflossener Spulen, der Läuferspule und der Ständerspule (auch Erregerspule genannt), erzeugt wird. Es gibt auch Lösungen, bei denen das Magnetfeld eines Permanentmagneten genutzt wird.

Je nach Einsatzbereich muß ein Elektromotor bestimmte Werte hinsichtlich Drehmoment, Leistung und Drehfrequenz bzw. bestimmte „Kennlinien" aufweisen. Auch andere Eigenschaften wie Laufruhe, Verschleißarmut oder Unempfindlichkeit gegenüber Umgebungseinflüssen wie Feuchtigkeit, Spritzwasser oder Staub sind bei der Motorenauswahl wichtig.

Für den Einsatz in Hausgeräten stehen eine Reihe sehr unterschiedlicher Motoren zur Verfügung, die man in zwei Hauptgruppen, die „Kommutatormotoren" und die „Drehfeldmotoren" unterteilen kann.

3.5.1 Kommutatormotoren

Bei Kommutatormotoren wird der rotierende Läufer über eine drehbewegliche Stromzuführung versorgt. Dieses Kommutatorprinzip wird auch beim Gleichstromgenerator verwendet, wo über einen Kommutator bzw. Stromwender der Strom abgegriffen und dabei gleichgerichtet wird (vgl. Kap. 3.4.1, Abb. 3.22).

In klassischer Bauweise besitzt dabei der Läufer an seinem Ende einen Zylinder, der aus einzelnen, isolierten Kupfersegmenten besteht. An zwei gegenüberliegenden Segmenten sind jeweils die beiden Enden einer Spule befestigt. Zwei ebenfalls gegenüberliegende Schleifkohlen können in Führungen gleiten, werden mittels Federn angepreßt und erhalten über elastische Kupferlitzen Strom. Damit kann sich im Läufer ein Magnetfeld aufbauen (Nordpol und Südpol), das sich im Magnetfeld des Ständers abstützen kann und ein Drehmoment verursacht, was den Läufer dreht. Eine „Endstellung" bei der die ungleichnamigen Magnetpole zusammentreffen (und die gleichnamigen entfernt liegen) wird jedoch nicht erreicht. Bei der Drehung gleiten nämlich bei einem bestimmten Drehwinkel die beiden Schleifkohlen von den bisher berührten Kupfersegmenten ab und berühren dann ein anderes Paar. Damit wird in der Läuferspule die Stromrichtung umgedreht (Stromwender) oder bei mehreren Spulen wird eine andere Läuferspule mit Strom versorgt, weshalb sich die Magnetpole wieder anders ausbilden. Dieses „Kräftespiel" durch die Polumschaltung oder die Weiterschaltung der Pole vollzieht sich immer von neuem und der Läufer rotiert ständig. Dieses Prinzip der Stromumschaltung bzw. der Polwendung nennt man kommutieren und es gibt dieser Motorenbauart den Namen „Kommutatormotoren".

3.5.1.1 Fremderregter Motor

Beim fremderregten Motor werden Läuferspule und Ständerspule von zwei getrennten Spannungen versorgt, d. h. die Ständerspule (Erregerspule) wird von einer anderen Spannung als die Läuferspule also „fremd" gespeist und damit „fremderregt". In der Läuferspule ergibt sich dabei das (mittlere) Drehmoment

$$M = k_{M1}\, I_L\, \Phi, \tag{3.86}$$

wobei k_{M1} = Maschinenkonstante*
I_L = Stromstärke im Läufer
Φ = magnetischer Fluß im Ständer

(Abb. 3.30). (*Die Maschinenkonstante k_{M1} bzw. k_{Mi} wird in folgenden Betrachtungen noch häufiger verwandt, jedoch kann ihr Wert und ihre Bedeutung von Fall zu Fall unterschiedlich sein).

Rotiert die Läuferspule des Motors mit der Winkelgeschwindigkeit ω in einem Magnetfeld, so wird – wie bei einem Generator – in der Spule eine Spannung (Quellenspannung) U_q induziert, die der angelegten Spannung U_L entgegenwirkt. Ist die Gegenspannung gleichgerichtet (Kommutator), so gilt für die (mittlere) Gegenspannung

$$U_q = k_{M2}\, \Phi\, \omega \tag{3.87}$$

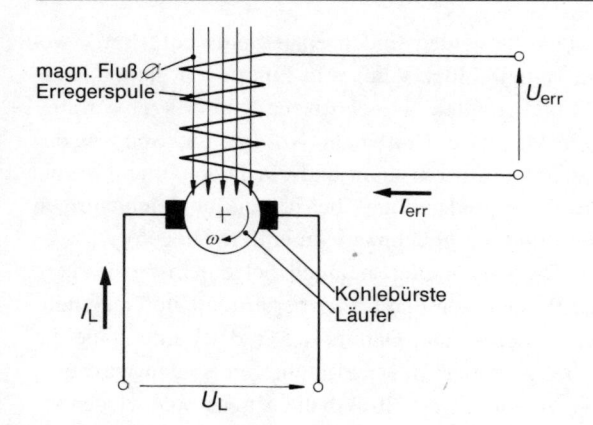

Abb. 3.30. Fremderregter Motor (Schaltbild).

(vgl. Kap. 3.2.3). Die Spannung U_q kann (bei Motorbetrieb) maximal die Größe der Spannung U_L erreichen, d. h. $U_q = U_L$. Dann ist nämlich die Stromstärke $I_L = 0$ und das Antriebsmoment $M = 0$. In diesem Fall beträgt die maximale Winkelgeschwindigkeit

$$\omega_{max} = \frac{U_L}{k_{M2}\,\Phi}. \tag{3.88}$$

Bei Belastung des Motors ($M \neq 0$; $I_L \neq 0$) beträgt die Winkelgeschwindigkeit

$$\omega = \frac{U_L - R_L I_L}{k_{M2}\,\Phi}, \tag{3.89}$$

da die angelegte Spannung U_L auch noch für den Spannungsabfall $R_L I_L$ in der Läuferspule aufkommen muß. Dabei ist

R_L = ohmscher Widerstand der Läuferspule
I_L = Stromstärke in der Läuferspule.

Da meist $U_L \gg R_L I_L$ ist, kann der Spannungsabfall für Näherungsbetrachtungen vielfach vernachlässigt werden. Demnach hängt die Winkelgeschwindigkeit ω nahezu proportional von der Spannung U_L, jedoch umgekehrt proportional vom Fluß Φ ab. Falls letzterer, z. B. im Störungsfall, verschwindet ($\Phi = 0$), wird bei Leerlauf ($M = 0$) die Winkelgeschwindigkeit ω sehr groß (theoretisch $\omega = \infty$), und der Motor kann durch *Zentrifugalkräfte* zerstört werden (Gefahr des „Durchgehens".)

Beim fremderregten Motor ist der magnetische Fluß Φ unabhängig von Spannung U_L, Stromstärke I_L und Winkelgeschwindigkeit ω des Läufers. (Der Ein-

fluß der sogenannten Ankerrückwirkung, darunter versteht man eine „Feldlinienverzerrung" im Ständer, hervorgerufen durch den Läufer, wird vernachlässigt).
Dieser magnetische Fluß kann mit einer „fremden" Erregerspannung U_{err} – wie im Beispiel – oder von einem Permanentmagneten erzeugt werden. Letzteres wird manchmal bei sehr kleinen Gleichstrommotoren angewandt. Dabei läßt sich im Ständer die sonst vorhandene Verlust-Leistung

$$P_V = U_{err} I_{err} \tag{3.90}$$

vermeiden. Bei großen Motoren würden die Permanentmagnete sehr groß, schwer und teuer sein, um einen hinreichend großen Fluß erzeugen zu können. Will man die vielfältigen Steuerungsmöglichkeiten des fremderregten Motors bezüglich Drehmoment, Drehfrequenz und Leistung voll ausschöpfen, so ist eine elektromagnetische Erregung mit getrennten Spannungen U_{err} und U_L erforderlich. Dies bedingt aufwendige Gleichstrom-Netzteile mit Halbleitersteuerungen und wird bei Hausgeräten nur in Sonderfällen angewandt.

3.5.1.2 Nebenschlußmotor

Beim Nebenschlußmotor ist die Ständerspule (Erregerspule) zur Läuferspule parallel *(Nebenschluß)* geschaltet. Demnach liegt an beiden Spulen die gleiche Spannung U an (Abb. 3.31). Wird die Spannung U verändert, so ändert sich die Winkelgeschwindigkeit

$$\omega \approx \frac{U}{k_{M2} \Phi} \tag{3.91}$$

praktisch nicht, da auch der magnetische Fluß Φ proportional (ohne Sättigung des Eisens) geändert wird (k_{M2} = Maschinenkonstante; siehe Kap. 3.5.1.1).

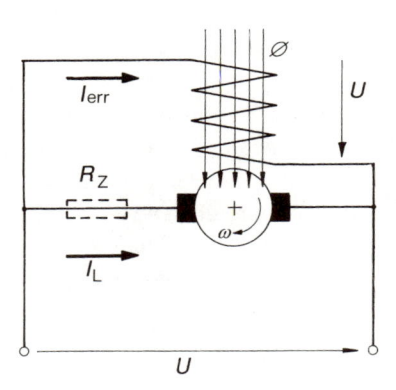

Abb. 3.31. Nebenschlußmotor (Schaltbild).

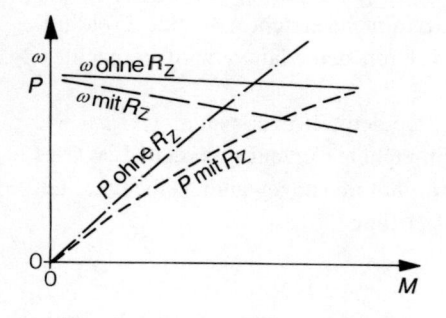

Abb. 3.32. Winkelgeschwindigkeit ω und Leistung P in Abhängigkeit des belastenden Momentes M bei einem Nebenschlußmotor (R_z = Zusatzwiderstand im Läuferstromkreis).

Weiterhin besitzt nach dieser Näherungsgleichung das belastende Moment M keinen Einfluß auf die Winkelgeschwindigkeit ω. Vielmehr erhöht sich z. B. bei zunehmender Belastung die Stromstärke I_L und paßt sich so automatisch an. Damit kann aber möglicherweise der Motor sowohl mit dem Moment M als auch mit der Leistung

$$P = M \omega \qquad (3.92)$$

überlastet werden (Abb. 3.32). Dies führt unter Umständen zu einem mechanischen oder thermischen Schaden. Mittels *Zusatzwiderstand* R_Z im Stromkreis der Läuferspule oder elektronischer Hilfsmittel läßt sich diese Gefahr mindern. Der Nebenschlußmotor wird bei Hausgeräten dort angewandt, wo eine möglichst konstante Winkelgeschwindigkeit unabhängig von der Belastung erwünscht ist (z. B. Schneidemaschine). Da er nur bei Gleichstromspeisung zufriedenstellend arbeitet, ist – ausgehend vom Wechselstromnetz des Haushaltes – ein Gleichrichter, bzw. eine Halbleiterschaltung erforderlich.

Ähnliche Kennlinien wie der Nebenschlußmotor mit fester Spannung U besitzt eine Motoren-Bauart, bei dem der magnetische Fluß Φ von einem Permanentmagneten erzeugt wird (*Gleichstrom-Permanentmotor*). Auch hier hat die Belastung des Motors mit dem Moment M keinen Einfluß auf die Erregung.

Durch den Wegfall der Ständerspule (Erregerspule) entfallen auch die dort sonst unvermeidbaren Energieverluste, weshalb diese Motoren besonders gute Wirkungsgrade erzielen können. Bei kleinen batterie- oder akkubetriebenen Motoren (z. B. in tragbaren Geräten) kann dies notwendig sein, zudem ist ihr Aufbau sehr einfach. Bei leistungsstarken Motoren hingegen würden große Magnete mit sehr hoher Flußdichte benötigt, die im Vergleich zu Erregerspulen meist schwerer und auch teurer wären.

3.5.1.3 Reihenschlußmotor

Beim Reihenschlußmotor ist die Ständerspule mit der Läuferspule in Serie *(Reihe)* geschaltet. Durch beide Spulen fließt demnach der gleiche Strom I (Abb. 3.33). Damit beeinflußt aber eine Belastungsänderung auch die Stromstärke in der Erregerspule. So hat z. B. eine Erhöhung des belastenden Momentes M wegen

$$M = k_{M1}\, I\, \Phi \tag{3.93}$$

mit $\quad k_{M1}$ = Maschinenkonstante (siehe Kap. 3.5.1.1)
$\quad\quad I = I_L = I_{err}$ = gemeinsame Stromstärke
$\quad\quad \Phi$ = magnetischer Fluß im Ständer

auch eine Erhöhung der Stromstärke I und wegen

$$\Phi = k_{M3}\, I \tag{3.94}$$

auch eine Erhöhung des magnetischen Flusses zur Folge (ohne Sättigung); demnach gilt:

$$M = k_{M4}\, I^2 \tag{3.95}$$

oder $\quad I = \sqrt{\dfrac{M}{k_{M4}}}.$

Eine Erhöhung des magnetischen Flusses Φ erhöht aber auch die Spannung U_q, die der Motor nach dem Generatorprinzip erzeugt. Die Gleichung für die Winkelgeschwindigkeit

$$\omega = \dfrac{U_L}{k_{M2}\, \Phi} \tag{3.96}$$

(vgl. fremderregter Motor, Kap. 3.5.1.1), läßt sich daher beim Reihenschlußmotor mit

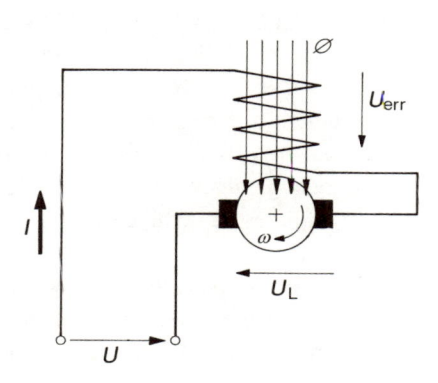

Abb. 3.33. Reihenschlußmotor (Schaltbild).

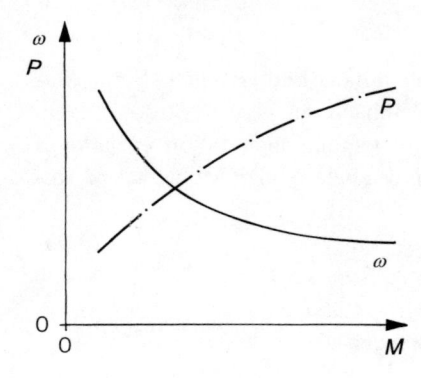

Abb. 3.34. Winkelgeschwindigkeit ω und Leistung P in Abhängigkeit des belastetenden Momentes M beim Reihenschlußmotor.

$$\omega \approx k_{M5} \frac{U}{\sqrt{M}} \text{ sehr gut annähern (Abb. 3.34).} \qquad (3.97)$$

Dieses Verhalten ist bei Hausgeräten oftmals erwünscht (z. B. Teigkneten). An der Winkelgeschwindigkeit ω (Laufgeräusch) erkennt der Benutzer die Belastung des Gerätes. Zudem steigt mit zunehmendem Moment M die Leistung

$$P = M \omega$$
oder $$P \approx M\, k_{M5} \frac{U}{\sqrt{M}} = k_{M5}\, U\, \sqrt{M},$$

entsprechend wenig.

Es darf aber nicht übersehen werden, daß die Verlustleistung

$$P_V = R_M\, I^2 = k_{M6}\, R_M\, M \qquad (3.98)$$

im Motor in Wärme umgesetzt wird (R_M = ohmscher Widerstand des Motors). Bei großem Moment und niedriger Winkelgeschwindigkeit ist aber die Kühlwirkung – bei Eigenbelüftung mittels Gebläserad auf der Motorwelle – sehr gering (Gefahr des Wärmetodes). Andererseits darf eine völlige Entlastung ($M = 0 \to I = 0 \to \Phi = 0$) nicht stattfinden, da die daraus resultierende hohe Winkelgeschwindigkeit ω eine Zerstörung des Läufers durch Fliehkräfte zur Folge hätte („Durchgehen"). Bei den kleinen Motoren, wie sie in Hausgeräten durchwegs vorkommen, genügen meist die Momente der Lager- bzw. Getriebe- und Luftreibung, um dies zu verhindern.

Mittels *elektronischer Bauteile* wie Dioden, Thyristoren, Diacs, Triacs oder Transistoren sowie Mikroprozessoren lassen sich Kennlinien und Betriebsverhalten von Motoren nahezu beliebig modifizieren. (Abb. 3.35).

Abb. 3.35.
Links: Universalmotor für den Antrieb eines Waschvollautomaten (Tachogenerator zur Drehfrequenzmessung ist am rechten Wellenende angeordnet).
Rechts: Modul mit elektronischer Schaltung zur Drehfrequenzregelung des Universalmotors eines Waschvollautomaten (vgl. Abb. links).

Weiterhin sind wirksame Schutzmaßnahmen vor Über-Drehfrequenz und Überlast, z. B. beim Blockieren, möglich.
Motoren werden auch mit Tachogeneratoren versehen – wie der nachfolgend beschriebene Universalmotor. Damit läßt sich die jeweilige Ist-Drehfrequenz erfassen und über eine Leistungselektronik möglichst an die gewünschte Soll-Drehfrequenz anpassen.

3.5.1.4 Universalmotor

Die Umkehr der Drehrichtung erfordert beim Nebenschlußmotor und beim Reihenschlußmotor die Vertauschung der Anschlüsse entweder der Läuferspule oder der Ständerspule. Eine Änderung der Polarität des speisenden Netzes wirkt sich aber auf die Drehrichtung nicht aus. Deshalb können prinzipiell beide Motoren auch mit *Wechselstrom* betrieben werden.
Während bereits bei Gleichstrombetrieb im Läufer eine dauernde *Ummagnetisierung* auftritt, ist dies bei Wechselstrombetrieb auch im Ständer der Fall. Zur Vermeidung hoher Ummagnetisierungsverluste der Eisenteile werden Läufer und Ständer aus speziellem Material (Dynamoblech) hergestellt. Dieses wird so geschichtet, daß die Feldlinien, die jeweils in den einzelnen Blechen laufen, eine möglichst wirkungsvolle Richtung besitzen und so starke „Wirbelströme" vermieden werden.

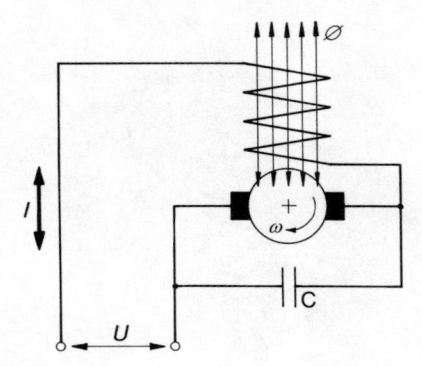

Abb. 3.36. Universalmotor (Schaltbild).

Da beim *Nebenschlußmotor* wegen des unterschiedlichen Aufbaus beider Spulen bei Wechselstromspeisung eine Phasenverschiebung zwischen dem Läuferstrom I_L und dem Ständerstrom I_{err} auftreten kann, ist ein guter Wirkungsgrad nicht gesichert.

Der *Reihenschlußmotor* hat diesen Nachteil nicht, da seine Spulen von einem gemeinsamen Strom durchflossen werden und so ihre Magnetfelder „harmonisieren". Ist der Reihenschlußmotor – insbesondere der Ständer – so ausgelegt, daß er annähernd gleiches Betriebsverhalten bei Gleich- und Wechselstromspeisung entwickelt, so spricht man von einem Universalmotor (Abb. 3.36).

Die Wechselspannung bzw. der Wechselstrom wirkt sich aber auf das theoretische Antriebsmoment aus (Abb. 3.37). Wegen der relativ kleinen Periodendauer T des Wechselstromes und der großen Schwungmasse des Läufers sowie der mitrotierenden Teile (Massenträgheitsmoment), wird dieser Einfluß meist vernachlässigt und ersatzweise mit Mittelwerten gerechnet (z. B. M_m). Die Zusammenhänge dieser Mittelwerte von Moment, Stromstärke, Winkelgeschwindigkeit und Leistung sind ähnlich denen des Reihenschlußmotors. Bei der Abschätzung der Winkelgeschwindigkeit ω ist zusätzlich noch der Leistungsfaktor $\cos \varphi$ zu berücksichtigen, der auch vom Betriebszustand abhängig ist, so daß gilt

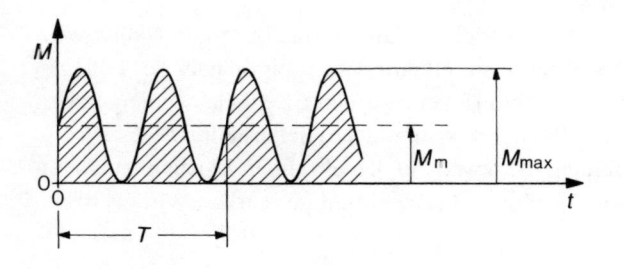

Abb. 3.37. Theoretisches Antriebsmoment M beim Universalmotor in Abhängigkeit der Zeit t.

$$\omega \approx k_{M5} \frac{U \cos \varphi}{\sqrt{M}}. \tag{3.99}$$

Trägt man anstelle des inneren Läufermomentes M das *Nutzmoment* M_N auf, welches nach Abzug der Reibungsmomente an der Welle zur Verfügung steht, so ist die Winkelgeschwindigkeit ω deutlich begrenzt (Abb. 3.38). Bei Universalmotoren in Hausgeräten beträgt häufig diese Leerlauf-Winkelgeschwindigkeit

$$\omega \approx 2000 \frac{1}{s},$$

was Drehfrequenzen von

$$n = \frac{\omega}{2\pi} \approx 318 \frac{1}{s} \approx 19\,100 \frac{1}{\min}$$

entspricht.

Die hohe Winkelgeschwindigkeit ω des Universalmotors erfordert bei gegebener Leistung P nur ein verhältnismäßig kleines Moment

$$M = \frac{P}{\omega}. \tag{3.100}$$

Daher genügt meist ein verhältnismäßig kleiner Durchmesser des Läufers bzw. des Motors (vgl. Kap. 3.2.1: Magnetfeld). Dies ist ein Hauptgrund für die starke Verbreitung des Universalmotors in Hausgeräten, vor allem in tragbaren Geräten.

Einen Nachteil bergen allerdings die meist üblichen *Kollektoren* und die Kohlebürsten (Kommutator). Vor allem die Bürsten verschleißen, begrenzen die wartungsfreie Betriebszeit, und der Abrieb verschmutzt das Gerät. Weiterhin treten durch das ständige Umschalten der Stromrichtung am Kollektor Funken (Abreißfunken) auf, deren hochfrequente Anteile vor allem Hörfunk- und Fern-

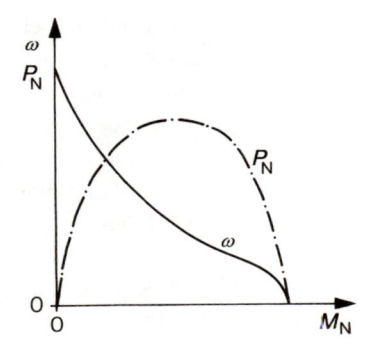

Abb. 3.38. Winkelgeschwindigkeit ω und Nutzleistung P_N in Abhängigkeit des Nutzmomentes M_N.

sehempfang stören. Eine teilweise Entstörung kann bereits mit einem Kondensator erzielt werden, der zwischen beide Kohlebürsten geschaltet ist (vgl. Abb. 3.36).

Bei einer neuen Generation von Universalmotoren kann auf mechanisch schaltende Kohlebürsten ganz verzichtet werden. Elektronische Sensoren übernehmen die berührungslose Abtastung der momentanen Stellung des Läufers zum Ständer und schalten mit elektronischen Bauteilen (z. B. Thyristoren) die Ströme für die jeweiligen Spulen (Elektronische Kommutierung).

Damit entfallen Verschleiß, Schleifgeräusche und größtenteils mögliche Störungen im elektrischen Versorgungsnetz sowie von Hörfunk und Fernsehempfang.

3.5.2 Drehfeldmotoren

Während bei der bisher beschriebenen Motorengruppe die Drehung des Läufers durch Stromwendung bzw. Polumschaltung des Kommutators erfolgt, wird bei den nachfolgend beschriebenen Motoren das Prinzip eines rotierenden Feldes genutzt. In einfachster Weise erhält man ein solches Feld durch Umkehren des Generatorprinzips, wie es zur Erzeugung des Drehstroms dient. Dort rotieren drei Spulen, die um 120° räumlich versetzt sind, in einem feststehenden Magnetfeld oder – und dies ist technisch einfacher – ein Magnetfeld rotiert in einem System von drei feststehenden Spulen (vgl. Kap. 3.2.4 Drehstrom).
Speist man diese Spulen mit Drehstrom, so erhält man wieder ein rotierendes Magnetfeld (Drehfeld).
Ein Drehfeld kann mit besonderen technischen Mitteln auch aus Wechselstrom erzeugt werden, wobei dieses Feld i. a. nicht immer ganz gleichförmig rotiert, weshalb man auch von elliptischen oder verzerrten Drehfeldern spricht. Diese Drehfelder können nun in sehr einfacher Weise dazu benutzt werden, einen irgendwie gestalteten Läufer anzutreiben. Solche Drehfeldmotoren besitzen daher im Vergleich zu Kommutatormotoren einen sehr einfachen Aufbau. Der besondere Vorteil dabei ist, daß sie keine empfindlichen und verschleißbehafteten Bauteile wie Kohlebürsten und Kollektorlamellen benötigen. Damit entfallen auch „Funkenbildung" und Netzstörungen, wie sie bei den Kommutatormotoren auftreten können.

Der nachfolgend beschriebene Motor ist der wichtigste Repräsentant aus der Gruppe der Drehfeldmotoren.

3.5.2.1 Drehstrom-, Synchron- und Asynchronmotor

In klassischer Bauweise besitzt der Drehstrom-Asynchronmotor im Stator das beschriebene Spulensystem. Bei Speisung der drei Spulen mit Drehstrom entsteht ein umlaufendes Magnetfeld (Drehfeld).
Bringt man ins Innere des Ständers einen Läufer, der einen Permanentmagneten oder einen Gleichstrom-Elektromagneten trägt, so versucht das rotierende Magnetfeld diesen mit der synchronen Drehfrequenz

$$n_{syn} = \frac{f}{p} \tag{3.101}$$

mitzunehmen (Abb. 3.39), wobei

f = Frequenz des Drehstromes
p = Polpaarzahl des Ständers.

Weist der Ständer drei um 120° versetzte Spulen auf und wird jede Spule von einer anderen Phase des Netzes gespeist, so ist die Polpaarzahl $p = 1$. Werden jedoch sechs; neun; zwölf; ... Spulen verwendet, die dann nur um 60°; 40°; 30°; ... versetzt sind, und werden die Phasen in zyklischer Reihenfolge (Ph_1, Ph_2, Ph_3) mehrmals angeschlossen, so ist $p = 2; 3; 4; ...$ Das wirksame Magnetfeld läuft dadurch entsprechend langsamer um. Mit der Frequenz $f = 50$ Hz, wie sie im europäischen Versorgungsnetz gegeben ist, lautet somit die Reihe der synchronen Drehfrequenzen

$$n_{syn} = 50; 25; 18{,}7; 12{,}5; \ldots\ldots\ldots \frac{1}{s},$$

oder, wie üblicherweise angegeben,

$$n_{syn} = 3000; 1500; 1000; 750; \ldots\ldots \frac{1}{min}.$$

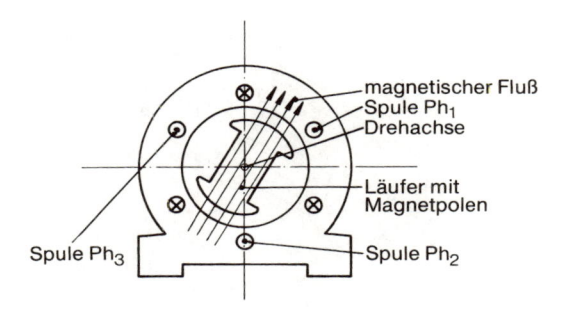

Abb. 3.39. Drehstrom-Synchronmotor (Schema).

132 Elektromotoren

Neben der festen Verdrahtung der Spulenenden, was nur eine Drehfrequenz ermöglicht, sind bei sogenannten *polumschaltbaren Motoren* mehrere Drehfrequenzen wählbar. Hierzu werden die Zuleitungen der Spulenenden auf einen speziellen Schalter geführt, der diese – je nach Schalterstellung – entsprechend verknüpft. Die Änderung der Drehrichtung erfolgt bei Drehstrommotoren ganz allgemein durch Vertauschung zweier Phasen.

Drehstrommotoren, deren Läufer synchron mit der Netzfrequenz umlaufen, werden nur in Sonderfällen eingesetzt *(Synchronmotoren)*.

Hingegen ist der sogenannte *Asynchronmotor* weit verbreitet. Sein Läufer besteht aus einem geschichteten Dynamoblech mit Nuten, in denen beim sogenannten *Schleifringläufer* Drähte verlegt sind, welche zu drei Schleifringen führen. Beim weitaus wichtigeren *Käfigläufer* sind die Nuten mit Kupfer, Bronze oder Aluminium ausgefüllt, bzw. ausgegossen und diese „Stäbe" an den Stirnseiten des Läufers mit Ringen verbunden (Abb. 3.40). Wegen dieser Kurzschlußringe nennt man diesen Läufer auch *Kurzschlußläufer*.

Beim Einschalten dieses Motors zieht das Drehfeld des Ständers über den noch stehenden Läufer hinweg, daher induziert es in seinen Leitstäben Ströme (Induktionsgesetz). Diese stromdurchflossenen Stäbe erfahren Tangentialkräfte (vgl. Magnetfeld, Kap. 3.2.1), die dem Läufer ein Drehmoment erteilen. Dieses wirkt in Richtung des Ständerdrehfeldes, um so die relative Winkelgeschwindigkeit zwischen Ständerdrehfeld und Läufer zu verringern.
(Dies ist auch die Aussage des LENZSCHEN Gesetzes: „Der Induktionsstrom ist stets so gerichtet, daß er der Ursache der Induktion entgegenwirkt.")
Erreicht die Drehfrequenz n die synchrone Drehfrequenz n_{syn}, so ist die relative Winkelgeschwindigkeit Null, daher wird kein Strom mehr induziert, und das Antriebsmoment verschwindet. Der Asynchronmotor kann demzufolge diese syn-

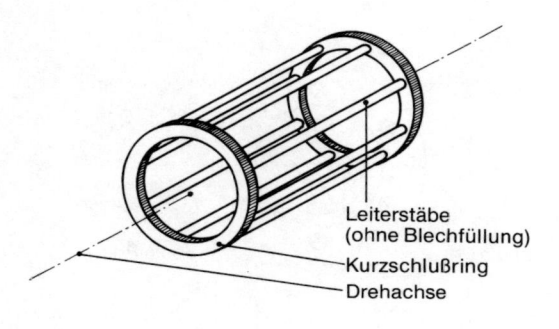

Abb. 3.40. Käfigläufer eines Drehstrom-Asynchronmotors (Schema des Käfigs).

chrone Drehfrequenz nicht erreichen, da bereits zur Überwindung unvermeidlicher eigener Reibungsverluste ein Mindestmoment erforderlich ist. Die Differenz zwischen Drehfrequenz des Ständerfeldes und Drehfrequenz des Läufers wird mit dem Schlupf

$$\zeta = \frac{n_{\text{syn}} - n}{n_{\text{syn}}} \qquad (3.102)$$

mit $\quad n_{\text{syn}}$ = synchrone Drehfrequenz
$\quad\quad\; n$ = Läuferdrehfrequenz

gekennzeichnet.

Der Drehstrom-Asynchronmotor bietet nur einen eng begrenzten Drehmomentbereich (max. bis Kippmoment M_K) und bei konstanter Netzfrequenz einen entsprechend schmalen Drehfrequenzbereich, in dem er stabiles Betriebsverhalten aufweist (Abb. 3.41).

Beim Einschalten des Motors muß das belastende Drehmoment M immer kleiner sein als M_A (d. h. $M < M_A$). Aber auch nach dem Anlauf ist bei kleinen Drehfrequenzen (n deutlich unterhalb von n_K) das Drehmoment des Motors klein.

Mit einem Knetwerkzeug in einem sehr zähen Teig oder bei Belastung durch eine Wäschetrommel mit großer Unwucht würden solche Motoren nicht anlaufen oder eine bestimmte Drehfrequenz (z. B. Resonanzfrequenz) nicht überschreiten können.

Das maximal mögliche Drehmoment, das dem Motor abverlangt werden kann, ist das Kippmoment M_K. Oberhalb der Kippdrehfrequenz n_K besitzt er ein stabiles Verhalten, d. h. Änderungen des belastenden Drehmoments M vermögen die Drehfrequenz an der Motorwelle kaum zu beeinflussen.

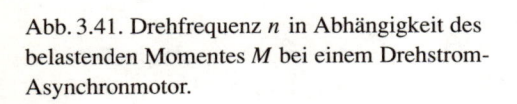

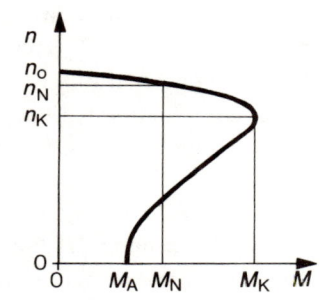

Abb. 3.41. Drehfrequenz n in Abhängigkeit des belastenden Momentes M bei einem Drehstrom-Asynchronmotor.

Der Motor ist für die Nenndrehfrequenz n_N ausgelegt, bei der er das Nenndrehmoment M_N und die Nennleistung P_N abgibt. Diese wichtigen Daten werden auch am Typenschild angegeben (deshalb genannt „Nenn-"...).

Der maximal mögliche Betriebsbereich des Motors reicht demnach vom „Leerlauf" ($M = 0$) bis zum Kippdrehmoment M_K.

Wird ein solcher Motor überlastet ($M > M_K$), so bleibt er beinahe schlagartig stehen (er „kippt" aus dem Betriebsbereich). Um ihn wieder normal anlaufen zu lassen, muß er unter M_A, in der Praxis aber meist völlig entlastet werden.

Beispiel: Kommt ein Drehstrommotor (oder ein Asynchron-Wechselstrommotor) zum Antrieb einer Holzkreissäge durch momentane Überlastung zum Stillstand (z. B. Holzstück hat sich „gezwickt"), so muß der Motor völlig entlastet werden und kann erst nach dem „Hochlauf" wieder belastet werden. Die Entlastung muß sofort geschehen, oder der Stromkreis muß unterbrochen werden, da sich der Motor sonst überhitzt (evtl. Motorschutzschalter).

Wird der Läufer mit dem Moment M belastet und rotiert er mit der Drehfrequenz ω ($\omega = 2\pi n$), so gibt er die Leistung

$$P = M\, 2\,\pi\, n \tag{3.103}$$

ab. Dieses Moment M muß jedoch vom Drehfeld des Ständers aufgebracht werden, welches mit der synchronen Drehfrequenz n_{syn} umläuft, weshalb er die sogenannte Drehfeldleistung

$$P_o = M\, 2\,\pi\, n_{syn} \tag{3.104}$$

erbringt. Die Differenz ΔP geht als Wärmeleistung im Läufer verloren, wobei gilt

$$\Delta P = P_o - P = P_o\, \zeta. \tag{3.105}$$

Bei großem Schlupf führt dies zu einer starken Erwärmung des Motors. Insbesondere wird bei Stillstand ($n = 0$, $\zeta = 1$) die Drehfeldleistung vollständig in Wärme umgesetzt. Zusammen mit den Verlusten im Ständer wird die gesamte zugeführte elektrische Energie in Wärme umgewandelt und zudem „versagt" bei den meisten Bauarten das motoreigene Kühlgebläse (Gefahr des „Wärmetodes").

Umgekehrt kann in der Praxis der Schlupf $\zeta = 0$ bzw. die synchrone Drehfrequenz n_{syn} nicht erreicht werden. Allein zur Überwindung der Lager- und Luftreibung des Läufers ist zumindest ein kleines Drehmoment erforderlich und damit ist – wie schon früher begründet – ein „Mindestschlupf" gegeben.

Wegen seiner Vorteile wie: einfacher und robuster Aufbau, kein Kollektor, keine Funkenbildung, Wartungsfreiheit, wenig Verschleiß, leiser Lauf, ist der Drehstrommotor der am meisten verwendete Motor in Industrie und Gewerbe.
Falls z. B. die Nachteile wie:
– Drehfrequenz kann nur wenig oder nur in groben Stufen geändert werden
– maximale Drehfrequenz $n = 50\,\frac{1}{s}$
– großes Gewicht bezogen auf die Nutzleistung (Leistungsgewicht)
nicht stören, so ist der Drehstrom-Asynchronmotor auch für Hausgeräte gut geeignet.

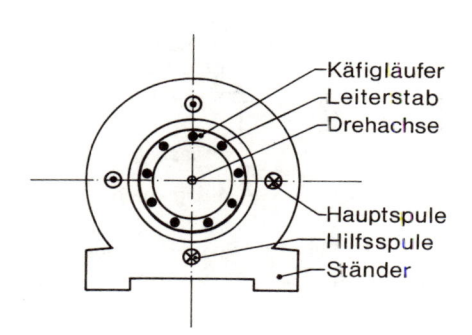

3.5.2.2 Wechselstrom-Asynchronmotor

Der Wechselstrom-Asynchronmotor ist im Aufbau und vor allem im Betriebsverhalten dem *Drehstrom-Asynchronmotor* sehr ähnlich. Die Verhältnisse bei seiner Drehfrequenz-Kennlinie sind aber etwas ungünstiger (vgl. Abb. 3.41). Ansonsten besitzt er weitgehend dieselben Vor- und Nachteile, wird aber – wie der Name schon aussagt – nur mit Wechselstrom gespeist, denn Drehstrom ist nicht in allen Haushalten verfügbar (Abb. 3.42). Bei Wechselstromspeisung bildet sich an einer Spule des Ständers ein magnetisches Wechselfeld aus, welches den stillstehenden Läufer nicht in Drehung, sondern bestenfalls in kleine Pendelschwingungen versetzt (Brummgeräusch). Erst wenn z. B. von Hand der Läufer in beliebiger Richtung angedreht wird, beschleunigt ihn das Wechselfeld weiter und nimmt ihn mit einem entsprechenden Schlupf mit. Zur leichteren Vorstellung denke man sich anstelle des üblichen Käfigläufers wieder einen Permanentmagneten, der bei der synchronen Drehfrequenz n_{syn} gerade wieder die ungleichnamigen Pole des Wechselfeldes „erwischt".

Abb. 3.42. Wechselstrom-Asynchronmotor (Schema).

Da dieses Andrehen von außen *(Anwurfmotor)* meist nicht durchführbar ist, werden andere Hilfsmittel eingesetzt. Neben der *Hauptspule* wird eine zweite Spule – die wir als *Hilfsspule* bezeichnen – im Ständer so angeordnet, daß sie gegenüber der ersten z. B. um 90° räumlich versetzt ist. Gelingt es, in beiden Spulen Ströme mit unterschiedlicher Phasenlage zu erzeugen, so besitzen auch die daraus resultierenden Magnetfelder eine unterschiedliche Phasenlage. Betrüge dieser zeitliche Phasenwinkel ebenfalls 90°, dann ergäbe sich – bei gleich starken Magnetfeldern – ein *Kreis-Drehfeld*. Häufig ist das Drehfeld wegen verschiedener Asymmetrien verzerrt; es reicht jedoch meist aus, den Läufer – wie beim Drehstrommotor – mitzunehmen.

Die bei Wechselstrom vielfach unerwünschte Phasenverschiebung (Winkel φ) zwischen Spannung und Strom wird hier nutzbringend eingesetzt. Man legt Hauptspule und Hilfsspule mit sehr unterschiedlichen Induktivitäten aus, schaltet einen Widerstand oder einen Kondensator in Reihe. Letzteres ist die am häufigsten angewandte Methode, bei der es wiederum drei Arten gibt:

a) Betriebskondensatormotor

Hier ist die Hilfsspule über den Betriebskondensator C_B parallel zur Hauptspule und damit an die Wechselspannung U geschaltet (Abb. 3.43). Die Wahl der Kapazität des Kondensators ist ein Kompromiß hinsichtlich der Auslegung auf ein starkes Anlaufmoment M_A oder ein stärkeres Nennmoment M_N, bzw. Kippmoment M_K (Abb. 3.44). Die Hilfsspule und der Kondensator sind für Dauerbetrieb ausgelegt. Diese Bauart ist sehr wenig störanfällig.

Wegen dieser Robustheit (keine störanfälligen Teile, wie Relais usw.) wird der Betriebskondensatormotor bei rauhen Betriebsbedingungen bevorzugt, z. B. für

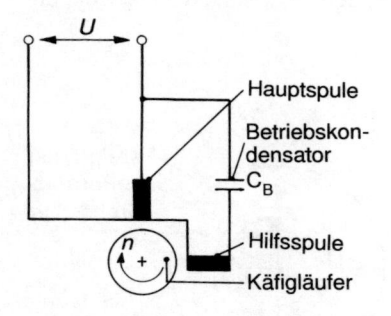

Abb. 3.43. Betriebskondensatormotor (Schaltbild).

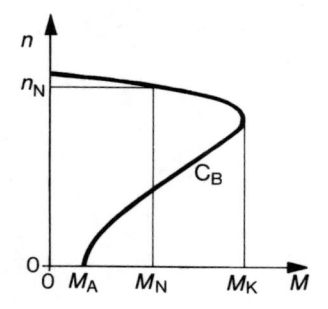

Abb. 3.44. Drehfrequenz n in Abhängigkeit des belastenden Momentes M bei einem Betriebskondensatormotor.

den Antrieb einfacher Stand-Holzkreissägen für den Hausgebrauch. Das vergleichsweise kleine Anlauf-Drehmoment M_A stört hier nicht, da i. a. die Kreissäge im Leerlauf anläuft und erst dann belastet wird. Bei momentaner Überlastung ($M > M_K$) bleibt der Motor – wie schon beim Drehstrommotor (Kap. 3.5.5) beschrieben – stehen und muß zum erneuten Anlauf völlig entlastet werden.

b) Anlaßkondensatormotor:
Nur während des Anlaufvorganges wird die Hilfsspule über den Anlaßkondensator C_A zugeschaltet, was die Auslegung auf ein starkes Anlaufmoment M_A gestattet (Abb. 3.46). Ab der Drehfrequenz n_S öffnet der Schalter S (Abb. 3.45). Diese Schalterfunktion erfolgt nur in seltenen Fällen von Hand, sondern über eine *thermische Auslösung* (ein Bimetall wird von einem Heizleiter erwärmt), *magnetische Auslösung* (Strom der Hauptspule betätigt einen Magnetschalter) oder mittels *Fliehkraftschalter* (Fliehgewichte lösen Kontakte).

Die *magnetische Auslösung* wird häufig bei Motoren für Kühlgeräte-Kompressoren angewandt (Abb. 3.47). Während des Anlaufvorganges, insbesondere bei Läuferstillstand, ist die Stromstärke in der Hauptspule sehr groß, da der Motor noch keine große Spannung nach dem „Generatorprinzip" der Netzspannung entgegensetzt. Diese große Stromstärke erzeugt in einer Schaltspule ein starkes

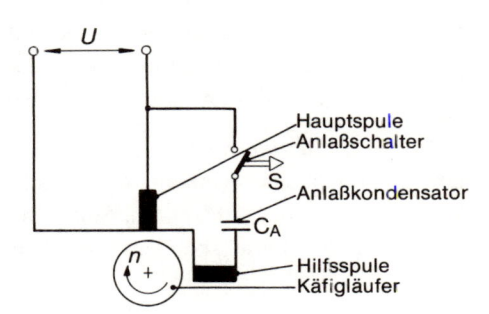

Abb. 3.45. Anlaßkondensatormotor (Schaltbild).

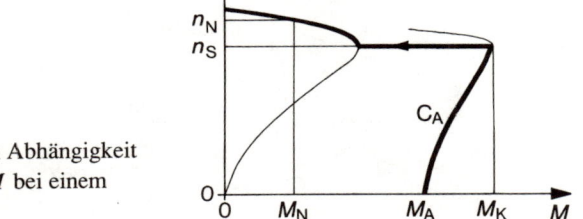

Abb. 3.46. Drehfrequenz n in Abhängigkeit des belastenden Momentes M bei einem Anlaßkondensatormotor.

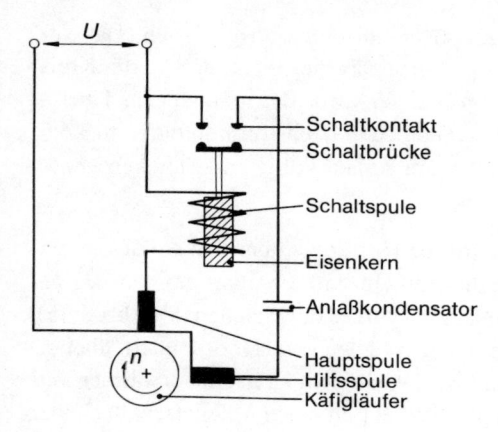

Abb. 3.47. Anlaßkondensatormotor mit Anlaßrelais (Schaltbild).

Magnetfeld, welches einen Eisenkern entgegen der Schwerkraft oder gegen eine Feder bewegt. Die Schaltbrücke verbindet somit die Schaltkontakte, und der Anlaßkondensator liegt mit der Hilfsspule in Reihe am Netz. Das entstehende Drehfeld beschleunigt den Läufer, der Strom durch die Hauptspule verringert sich und damit auch das Magnetfeld der Schaltspule. Bei der Drehfrequenz n_S schließlich fällt der Eisenkern zurück und schaltet die Hilfsspule wieder ab. Der Läufer wird nun allein vom Wechselfeld angetrieben.
Ein Versagen des Schalters verhindert entweder den Anlauf, wobei der große Strom die Hauptspule erwärmt, oder die Hilfsspule, welche nicht für Dauerbetrieb ausgelegt ist, bleibt ständig zugeschaltet und erwärmt sich ebenfalls.

c) Doppelkondensatormotor
Dies entspricht einer Kombination eines Betriebskondensator- und eines Anlaßkondensatormotors (Abb. 3.48). Seine Betriebseigenschaften sind gut zu optimieren, da der Betriebskondensator C_B nur für die Nenndrehfrequenz und der

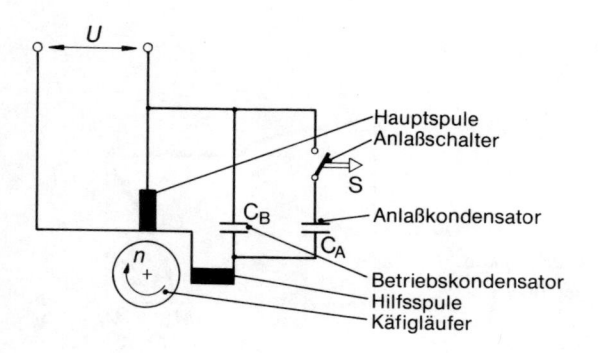

Abb. 3.48. Doppelkondensatormotor (Schaltbild).

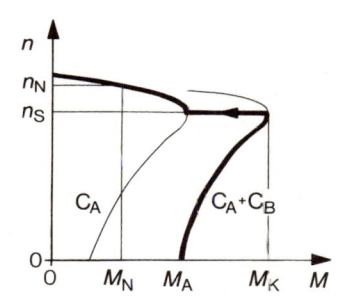

Abb. 3.49. Drehfrequenz n in Abhängigkeit des belastenden Momentes M bei einem Doppelkondensatormotor

Anlaufkondensator C_A (zusammen mit C_B) nur für das Anlaufmoment M_A, bzw. für das Anlaufverhalten ausgelegt werden muß (Abb. 3.49). Beim Zu- und Abschalten dieses Anlaßkondensators können bei ungleichen Kondensatorladungen kurzzeitig große Ausgleichsströme auftreten (Energie im Kondensator), die die Schaltkontakte stark beanspruchen.

Da dieser Motor zwei Kondensatoren – wie der Name schon ausdrückt – und einen speziellen Anlaßschalter benötigt, ist es die aufwendigste und teuerste Bauart des Wechselstrom-Asynchronmotors. Sein Einsatz ist dann sinnvoll, wenn ein besonders großes Anlaufdrehmoment M_A erforderlich wird. Bei Heimwerker-Kompressoren für Druckluft muß u. U. der Motor gegen den bereits vorhandenen Gegendruck im Luftkessel anlaufen. Dazu ist jedoch ein entsprechend großes Anlaufdrehmoment erforderlich.

Ein längeres „Blockieren" würde ohne besondere Schutzmaßnahmen (Thermo-Schutzschalter z. B. Klixon) zur thermischen Zerstörung (Durchbrennen) des Motors führen.

Bei allen Bauarten des Wechselstrom-Asynchronmotors ist das Betriebsverhalten – zumindest in Nähe des Nennmomentes und der Nenndrehfrequenz – gut mit dem des Drehstrom-Asynchronmotors (Kap. 3.5.2.1) vergleichbar. Als nachteiliger Einfluß kommt allerdings beim Wechselstrommotor hinzu, daß sich bereits beim normalen Schlupf ($\zeta > 0$) ein *Bremsmoment* mit dem Schlupf ($2-\zeta$) bemerkbar macht. Theoretisch besteht nämlich ein Wechselfeld aus zwei gegensinnig umlaufenden Drehfeldern. Eines davon unterstützt mit seinem Moment die Drehrichtung des Läufers, das andere bremst mit einem entsprechend geringeren Moment (Gegenmoment). Die Größe dieser Momente sind vom Schlupf abhängig. Es ist schon aus diesem Grund eine Drehfrequenz in Nähe der synchronen Drehfrequenz anzustreben, da hierbei das sogenannte *Mitmoment* sehr groß und das sogenannte *Gegenmoment* noch klein ist.

Beim Wechselstrom-Asynchronmotor werden Wirkungsgrade von etwa 70% schon als günstig bezeichnet. Eine Umkehr der Drehrichtung wird durch Vertauschung der Anschlüsse entweder der Haupt- oder der Hilfsspule erreicht. Wie beim Drehstrommotor so gibt es auch hier Motoren mit mehreren Polpaaren oder polumschaltbare Motoren für mehrere Drehfrequenzen.

Bei Hausgeräten wird der Wechselstrom-Asynchronmotor bis zu Leistungen $P \approx 1{,}5$ kW dort verwendet, wo die Vorteile des Käfigläufermotors (Induktionsmotor) entscheidend sind und die Nachteile nicht stören (vgl. Drehstrom-Asynchronmotor, Kap. 3.5.2.1). Dabei muß ein sicherer Anlaufvorgang gewährleistet sein (notfalls *Anlaufentlastung* und *Schutzschalter*). Bei Standgeräten wie Waschmaschinen, Wäscheschleudern oder Kühl- und Gefriergeräten wird der Wechselstrom-Asynchronmotor derzeit häufig eingesetzt.

Bei Waschmaschinen wird er neuerdings jedoch von Gleichstrommotoren oder von Universalmotoren mit Drehfrequenzüberwachung verdrängt (siehe Kap. 3.5.1.2 bzw. 3.5.1.4). Zusammen mit zeitgemäßen Halbleitern zur Steuerung und zur Leistungseinspeisung läßt sich das Betriebsverhalten dieser Motoren der jeweiligen Arbeitsaufgabe besser anpassen als dies mit Wechselstrom-Asynchronmotoren möglich war.

3.5.2.3 Spaltpolmotor

Der Spaltpolmotor ist ein spezieller Wechselstrom-Asynchronmotor, dessen Hilfsspule zu einem *Kurzschlußring* entartet ist. Eine Hauptspule wird mit Wechselstrom gespeist und erzeugt im Ständer den magnetischen Fluß Φ. Dieser teilt sich am Spalt der Ständerschenkel in den Fluß Φ_1 und Φ_2 auf (Abb. 3.50). Wie bei einem Transformator induziert nun der Fluß Φ_2 in der Kurzschlußspule einen Strom (Spaltpolstrom), der jedoch dem Strom in der Hauptspule zeitlich nacheilt. Demnach eilt auch das magnetische Feld des Spaltpoles dem der Hauptspule, bzw. des Hauptpols nach. Wegen des räumlichen Winkels zwischen Hauptpol und Spaltpol addieren sich beide magnetischen

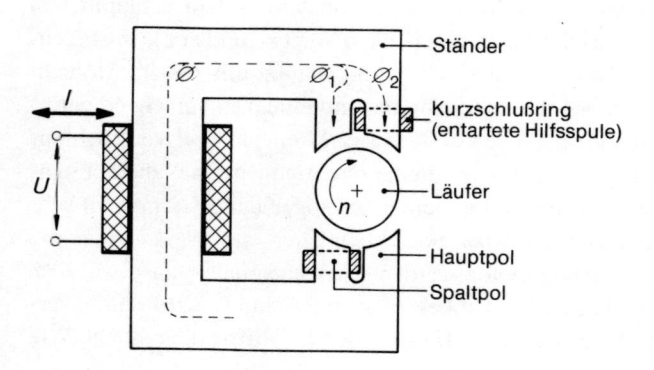

Abb. 3.50. Spaltpolmotor (Schema).

Wechselfelder zu einem resultierenden Feld, dessen Maximum vom Hauptpol zum Spaltpol wandert. Dieses *elliptische Drehfeld* induziert im Käfigläufer Ströme, und das entstehende Moment versucht den Läufer zu drehen. Die Drehrichtung des Motors ist daher konstruktiv festgelegt und kann – im Gegensatz zu den meisten anderen Motoren – nicht umgekehrt werden.

Die Drehfrequenz des Spaltpolmotors liegt ebenso wie beim Drehstrom- oder Wechselstrommotor mit dem Schlupf ζ unterhalb der synchronen Drehfrequenz n_{syn}, die von der Polpaarzahl abhängt. Die $2p$-Spaltpole mit Kurzschlußringen sind gleichmäßig am Umfang angeordnet. Die Hauptspule ist entsprechend aufgeteilt, und diese Teile sind parallel geschaltet.

Die Drehfrequenz-Drehmoment-Kennlinie ist der des Wechselstrommotors mit Betriebskondensator ähnlich (Abb. 3.44). Allerdings ergibt sich wegen Feldoberwellen bei $n \approx \frac{1}{3} n_{syn}$ eine Einsattelung im Momentenverlauf, die das Hochlaufen stören kann. Wegen Oberwellen, Verlusten in der Kurzschlußspule und dem „Gegenmoment" besitzt der Spaltpolmotor einen schlechten Wirkungsgrad ($\eta_{max} \approx 0{,}4$). Der Spaltpolmotor wird bis zu Leistungen $P \approx 150$ W dort verwendet, wo dieser schlechte Wirkungsgrad nicht stört. Wegen seines einfachen, billigen, robusten Aufbaus und seiner geringen Störanfälligkeit finden wir ihn in vielen Geräten zur mechanischen Be- und Verarbeitung von Nahrungsmitteln, bei Gebläsen und kleinen Pumpen.

3.5.2.4 Synchronmotor

Wird der Läufer eines Wechselstrom-Asynchronmotors oder eines Spaltpolmotors durch einen *Läufer mit ausgeprägten Polen* (z. B. Permanentmagnet) ersetzt, so entsteht ein Synchronmotor. Bringt man diesen Läufer auf die synchrone Drehfrequenz n_{syn}, so bleibt er solange synchron mit dem Dreh- oder Wechselfeld, bis das belastende Moment zu groß wird. Er fällt dann „außer Tritt" oder bleibt stehen. Um den Läufer aus dem Stillstand heraus zu synchronisieren, gibt es verschiedene Möglichkeiten, nach denen die Motortypen meist bezeichnet werden.

Der *Reluktanzmotor* besitzt einen Käfigläufer, an dessen Umfang grobe Nuten angeordnet sind. Damit ist der magnetische Widerstand (Reluktanz) längs des Umfangs verschieden. Der Anlauf erfolgt wie beim Kurzschlußläufer. In der Nähe der synchronen Drehfrequenz versucht der Läufer gegenüber dem Drehfeld eine Stellung einzunehmen, bei der die Energie im Luftspalt ein Minimum ist. Dies ist gegeben, wenn die Umfangsteile, die keine Nut aufweisen, mit dem Maximum des Drehfeldes synchron umlaufen, wobei der Läufer ruckartig in den Synchronismus springt.

142 Elektromotoren

Beim *Hysteresemotor* erzeugt das Drehfeld des Ständers im Läufer eine Induktionswelle, die infolge der Hysterese des Läufermaterials der Drehfeldwelle nacheilt. Die Läufer-Induktionswelle versucht dem Ständer-Drehfeld zu folgen, so daß ein Drehmoment ausgeübt wird, welches den Läufer beschleunigt und asynchron mitdreht. Bei der synchronen Drehfrequenz steht der Läufer relativ zum Drehfeld still. Dieses Drehfeld prägt dann in das hartmagnetische Material des Läufers Pole unterschiedlicher Polarität ein, die wie Permanentmagneten wirken. Ist das belastende Moment M kleiner als das Nennmoment M_N, so läuft er absolut synchron, d. h. der Schlupf $\zeta = 0$ (Abb. 3.51). Das Schaltbild des Hysteresemotors zeigt gleichzeitig die Darstellungsweise für den Ständer eines Spaltpolmotors. Die Kurzschlußspule ist nicht mit der Hauptspule verschaltet, sondern – wie bei einem Transformator – über Magnetfelder gekoppelt (Abb. 3.52). Der Hystereseläufer ist im Schaltbild am gestrichelten Kreis erkennbar, der das Hysteresematerial andeuten soll.

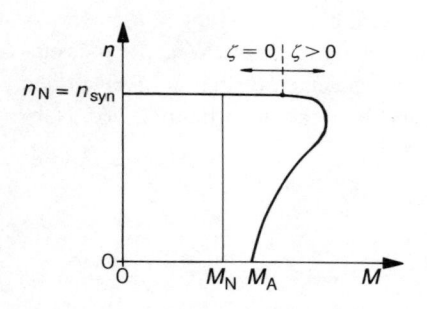

Abb. 3.51. Drehfrequenz n in Abhängigkeit des belastenden Momentes M beim Hysteresemotor.

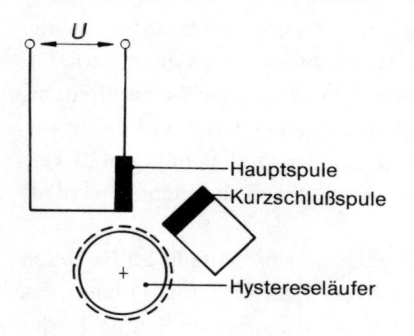

Abb. 3.52. Hysteresemotor (Schaltbild).

Der *Magnetläufermotor* besitzt einen Läufer mit einem Permanentmagneten für den synchronen Betrieb. Zum asynchronen Anlauf genügen meist die Wirbelströme in den Blechteilen des Läufers. Der Läufer besteht vielfach aus einem sogenannten Klauenpolrad. Hierbei ragen Klauen, die von den magnetischen Stirnseiten des Läufers kommen, so über den Umfang, daß sich entgegengesetzt magnetisierte Klauen abwechseln. Damit läßt sich in einfacher Weise eine große Polpaarzahl (z. B. $p = 8$) erzielen.

Nach dem gleichen Prinzip läßt sich die Polpaarzahl der Hauptspule und der Hilfsspule bzw. der Kurzschlußspule vorgeben. Bei hoher Polpaarzahl sowie kleiner Schwungmasse und keiner starren Kopplung an große zu treibende Massen, springt das Polrad aus dem Stillstand heraus in den Synchronismus.

Synchronmotoren werden in größeren Stückzahlen nur für kleinste Leistungen (z. B. $P \approx 1$ W) gebaut, weshalb der meist schlechte Wirkungsgrad nicht stört. Je nach Aufgabe wird er für die Maximaldrehfrequenz ($n_{syn} = 3000\,\frac{1}{min}$) oder für eine sehr niedrige Drehfrequenz (z. B. $n_{syn} = 375\,\frac{1}{min}$) ausgelegt. Vielfach sind noch kleine Getriebe nachgeschaltet, die die Drehfrequenz weiter senken.

Bei Hausgeräten werden Synchronmotoren dort eingesetzt, wo es – bei kleinster Leistung – auf eine exakte Drehfrequenz ankommt. Daher finden wir ihn als Antrieb für Uhren verschiedenster Art; Programmschaltwerke für Geschirrspülmaschinen, Waschmaschinen und Trockner; Tonbandgeräte und Plattenspieler; Zeitzähler; Tarifgeräte und sonstige Zeitschalter.

3.6 Weiterführendes Schrifttum
(zum Kapitel Elektrotechnik)

FISCHER, R.: Elektrische Maschinen: Wirkungsweise, Betriebsverhalten und Steuerung. 8. Aufl. München: Hanser, 1992
FROHNE, H., UECKERT, E.: Grundlagen der elektrischen Meßtechnik. Stuttgart: Teubner, 1984
INSTITUT FÜR ELEKTRO-ANLAGEN (IEA): Die Technik der elektrischen Antriebe: Grundlagen. Berlin: Verl. Technik, 1979
KRÄMER, H.: Elektrotechnik im Maschinenbau. 3. Aufl. Braunschweig: Vieweg, 1991
KÜPFMÜLLER, K.: Einführung in die theoretische Elektrotechnik. 13. Aufl. Berlin: Springer, 1990
LINSE, H.: Elektrotechnik für Maschinenbauer. 9. Aufl. Stuttgart: Teubner, 1992
NORM DIN 1323 Febr. 1966. Elektrische Spannung, Potential, Zweipolquelle, elektromotorische Kraft. Begriffe
NORM DIN 1324 Mai 1988. Elektromagnetisches Feld: Zustandsgrößen
NORM VDE DIN 0100. Mai 1973. Errichten von Starkstromanlagen mit Nennspannungen bis 1000 V

PICHERT, H.: Elektronik im Haushalt: Möglichkeiten und Grenzen. In: Hauswirtsch. Wiss. 31 (1983), Nr. 1, S. 27–36

PICHERT, H.: Elektronik im Haushalt: Theorie und Anwendung. In: Hauswirtsch. Wiss. 26 (1978), Nr. 2, S. 59–64

PHILIPPOW, E.: Taschenbuch Elektrotechnik. Bd. 6: Systeme der Elektroenergietechnik. München: Hanser, 1982

4. Weiterführendes Schrifttum

BLECHINGER-ZAHNWEH, M.; PICHERT, H.: Kabellose Elektro-Hausgeräte. In: Hauswirtsch. Wiss. 37 (1989), Nr. 4, S. 180–187
BRONSTEIN, IL'JA N.: Taschenbuch der Mathematik. 1. Aufl. Thun: Deutsch, 1993
DORN, F.: Physik in einem Band. Hannover: Schroedel, 1989
GERTHSEN, CH.; KNESER, H. O.; VOGEL, H.: Physik. 16. Aufl. Berlin: Springer 1989
NORM DIN 461 März 1973. Graphische Darstellung in Koordinatensystemen
NORM DIN 1301 Teil 1 Dez. 1985. Einheiten: Einheitennamen, Einheitenzeichen
NORM DIN 1301 Teil 2 Febr. 1978. Einheiten: Allgemein angewendete Teile und Vielfache
NORM DIN 1304 Teil 1 März 1989. Formelzeichen: Allgemeine Formelzeichen
NORM DIN 1310 Febr. 1984. Zusammensetzung von Mischphasen (Gasgemische, Lösungen, Mischkristalle): Begriffe, Formelzeichen
NORM DIN 1313 April 1978. Physikalische Größen und Gleichungen: Begriffe, Schreibweisen
NORM DIN 1314 Febr. 1977. Druck: Grundbegriffe, Einheiten
NORM DIN 1338 Juli 1977. Formelschreibweise und Formelsatz
NORM DIN 1343 Jan. 1990. Referenzzustand, Normzustand, Normvolumen: Begriffe und Werte
NORM DIN 1421 Jan. 1983. Gliederung und Benummerung in Texten: Abschnitte, Absätze, Aufzählungen
NORM DIN 5477 Febr. 1983. Prozent, Promille: Begriffe, Anwendungen
NORM DIN 5483 Teil 1 Juni 1983. Zeitabhängige Größen: Benennungen der Zeitabhängigkeit
NORM DIN 5483 Teil 2 Sept. 1982. Zeitabhängige Größen: Formelzeichen
NORM DIN 5485 Aug. 1986. Benennungsgrundsätze für physikalische Größen: Wortzusammensetzungen mit Eigenschafts- und Grundwörtern
PICHERT, H.: Umweltverträgliche Hausgeräte. Hamburg: Handwerk und Technik, 1991. – Broschüre
RENTSCHLER, W.: Physik für Naturwissenschaftler. Teil 1. Stuttgart: Ulmer, 1972
RENTSCHLER, W.: Physik für Naturwissenschaftler. Teil 2. Stuttgart: Ulmer, 1986
WICHT, K.: Elektrische Hausgeräte: Technik und Anwendung. 6. Aufl. Essen: Girardet, 1987
WIGGERT, K.; DÜRR, H.: Haushaltsgeräte messen und prüfen: Meßtechnische Prüfverfahren. Stuttgart: Ulmer, 1989
WILDBRETT, G. (Hrsg.): Technologie der Reinigung im Haushalt. Stuttgart: Ulmer, 1981
WILDBRETT, G. (Hrsg.): Werk- und Betriebsstoffe im Haushalt. Stuttgart: Ulmer, 1995

5. Physikalische Größen, Formelzeichen und Einheiten

Liste der wichtigsten Formelzeichen der in der Haushalttechnik verwendeten physikalischen Größen und Einheiten

Physikalische Größe		SI-Einheit (außer [ ]) SI = Système International d'Unités		Umrechnung in andere Einheiten und Bemerkungen
Formel- zeichen	Name	Kurzzeichen	Name	
A	Fläche	m^2	Quadratmeter	
B	magnetische Induktion	T	Tesla	$1\,T = \dfrac{V\,s}{m^2}$
C	Schmelzenthalpie (spezifische)	$\dfrac{J}{kg}$	Joule durch Kilogramm	
C	Kapazität	F	Farad	$1\,F = 1\,\dfrac{A\,s}{V}$
C_s, C_r	Strahlungskonstante	$\dfrac{W}{m^2\,K^4}$	Watt durch Quadratmeter und (Kelvin)[4]	
D	Durchmesser	m	Meter	
D	elektrische Flußdichte	$\dfrac{C}{m^2}$	Coulomb durch Quadratmeter	$1\,C = 1\,A\,s$
E_k	kinetische Energie	J	Joule	
E_p	potentielle Energie	J	Joule	

148 Physikalische Größen, Formelzeichen und Einheiten

Physikalische Größe		SI-Einheit (außer [ ]) SI = Système International d'Unités		Umrechnung in andere Einheiten und Bemerkungen
Formel- zeichen	Name	Kurzzeichen	Name	
E	elektrische Feldstärke	$\dfrac{V}{m}$	Volt durch Meter	
F	Kraft	N	Newton	$1\,N = 1\,\dfrac{kg\,m}{s^2}$
H	Enthalpie	J	Joule	$1\,cal = 4{,}1868\,J$
H	magnetische Feldstärke	$\dfrac{A}{m}$	Ampere durch Meter	
$\bar{H}_{o,n}$	Brennwert (mittlerer Brennwert)	$\dfrac{Wh}{m^3}$	Wattstunden durch Kubikmeter	(Brenngase)
H_u	spezifischer Heizwert	$\dfrac{Wh}{m^3}$	Wattstunden durch Kubikmeter	(Brenngase)
I	elektrische Stromstärke	A	Ampere	
I_D	Durchflutung	A	Ampere	
J	Massenträgheitsmoment	$kg\,m^2$	Kilogramm Quadratmeter	
K	Kompressionszahl	–		

Physikalische Größen, Formelzeichen und Einheiten

L	Induktivität	H	Henry	$1\,\text{H} = 1\,\dfrac{\text{V\,s}}{\text{A}}$
M	Moment, Drehmoment	N m	Newtonmeter	$1\,\text{N\,m} = 1\,\text{J}$
O	Oberfläche	m^2	Quadratmeter	
P	Leistung	W	Watt	$1\,\text{W} = 1\,\dfrac{\text{J}}{\text{s}} = 1\,\dfrac{\text{N\,m}}{\text{s}} = 1\,\text{V\,A}$
Q	Wärme, Energie, Wärmemenge	J	Joule	
$\dot{Q}$	Wärmestrom, Energiestrom	W	Watt	$\dot{Q} = \dfrac{\text{d}Q}{\text{d}t}$
Q_L	elektrische Ladung	C	Coulomb	$1\,\text{C} = 1\,\text{A\,s}$
R	elektrischer Widerstand	Ω	Ohm	$1\,\Omega = 1\,\dfrac{\text{V}}{\text{A}}$
R_B	Gaskonstante	$\dfrac{\text{J}}{\text{kg\,K}}$	Joule durch Kilogramm Kelvin	
R^*	universelle Gaskonstante	$\dfrac{\text{J}}{\text{K\,mol}}$	Joule durch Kelvin Kilomol	$R^* = 8314{,}3\,\dfrac{\text{J}}{\text{K\,kmol}}$
S	Entropie	$\dfrac{\text{J}}{\text{K}}$	Joule durch Kelvin	
T	Dauer	s	Sekunde	$1\,\text{s} = \dfrac{1}{60}\,\text{min} = \dfrac{1}{3600}\,\text{h}$

150 Physikalische Größen, Formelzeichen und Einheiten

Physikalische Größe		SI-Einheit (außer [ ]) SI = Système International d'Unités		Umrechnung in andere Einheiten und Bemerkungen
Formel- zeichen	Name	Kurzzeichen	Name	
U	innere Energie	J	Joule	$1\,\text{J} = 1\,\text{N}\,\text{m} = 1\,\text{W}\,\text{s}$
U	elektrische Spannung	V	Volt	$1\,\text{V} = 1\,\dfrac{\text{W}}{\text{A}}$
V	Volumen	m^3	Kubikmeter	$1\,\text{m}^3 = 1000\,\text{dm}^3 = 1000\,\text{l}$
$\dot{V}$	Volumenstrom	$\dfrac{\text{m}^3}{\text{s}}$	Kubikmeter durch Sekunde	$\dot{V} = \dfrac{dV}{dt}$
V_m	Molvolumen	$\dfrac{\text{m}^3}{\text{kmol}}$	Kubikmeter durch Kilomol	$V_{\text{m},0} = 22{,}41\,\dfrac{\text{m}^3}{\text{kmol}}$
W	Arbeit, Energie	J	Joule	
W_B	Biege-Widerstandsmoment	m^3	Kubikmeter	
W_T	Torsions-Widerstandsmoment	m^3	Kubikmeter	
Y^*	Wasserwert	kg	Kilogramm	(äquivalente Wassermasse)
Z	Höhe	m	Meter	
Z	Zustandszahl	–		

Physikalische Größen, Formelzeichen und Einheiten 151

a	Beschleunigung	$\dfrac{m}{s^2}$	Meter durch (Sekunde)^2	
b	Breite	m	Meter	
c	Federkonstante	$\dfrac{N}{m}$	Newton durch Meter	
c	spezifische Wärmekapazität	$\dfrac{J}{kg\,K}$	Joule durch Kilogramm Kelvin	
c_o	Lichtgeschwindigkeit im Vakuum	$\dfrac{m}{s}$	Meter durch Sekunde	$c_o \approx 3 \cdot 10^8 \dfrac{m}{s}$
d	Dichteverhältnis	–		
d	Erwärmungszahl	–		$d = \varepsilon_r \tan\delta$, mit ε_r = Permittivitätszahl $\tan\delta$ = Verlustfaktor in der Elektrotechnik δ = Phasenverschiebungswinkel
e	Basis der natürlichen Logarithmen	–		$e = 2{,}71828\ldots$
f	Frequenz	$\dfrac{1}{s}$	reziproke Sekunde	$\dfrac{1}{s}$ = Hz (Hertz)
g	Fallbeschleunigung	$\dfrac{m}{s^2}$	Meter durch (Sekunde)^2	Erde: $g \approx 9{,}81\,\dfrac{m}{s^2}$

152 Physikalische Größen, Formelzeichen und Einheiten

Physikalische Größe		SI-Einheit (außer [ ]) SI = Système International d'Unités		Umrechnung in andere Einheiten und Bemerkungen
Formelzeichen	Name	Kurzzeichen	Name	
h	spezifische Enthalpie	$\dfrac{\text{J}}{\text{kg}}$	Joule durch Kilogramm	
i	Summationsindex	–		
k	Wärmedurchgangskoeffizient	$\dfrac{\text{W}}{\text{m}^2\,\text{K}}$	Watt durch Quadratmeter Kelvin	
k_M	Maschinenkonstante	unterschiedlich		(zur Berechnungsvereinfachung)
l	Länge	m	Meter	
m	Masse	kg	Kilogramm	
$\dot{m}$	Massenstrom	$\dfrac{\text{kg}}{\text{s}}$	Kilogramm durch Sekunde	$\dot{m} = \dfrac{\text{d}m}{\text{d}t}$
n	Drehfrequenz	$\dfrac{1}{\text{s}}$	reziproke Sekunde	$n = \dfrac{1}{T}$ mit T = Umlaufdauer
n	Anzahl	–		
p	Druck	Pa	Pascal	$1\,\text{Pa} = 1\,\dfrac{\text{N}}{\text{m}^2} = 10^{-5}\,\text{bar}$

Physikalische Größen, Formelzeichen und Einheiten 153

p_n	Druck bei Normalbedingungen	[bar]	Bar	$p_n = 1{,}01325$ bar $= 760$ Torr
p	Polpaarzahl	–		
q	spezifische Wärmemenge	$\dfrac{J}{kg}$	Joule durch Kilogramm	
r	Abstand, Radius	m	Meter	
r	Verdampfungsenthalpie (spezifische)	$\dfrac{J}{kg}$	Joule durch Kilogramm	
s	Weg, Dicke, Abstand	m	Meter	
s	spezifische Entropie	$\dfrac{J}{kg\,K}$	Joule durch Kilogramm Kelvin	
t	Zeit	s	Sekunde	
u	Untersetzungsverhältnis	–		
$ü$	Übersetzungsverhältnis	–		
v	Geschwindigkeit	$\dfrac{m}{s}$	Meter durch Sekunde	
w	Wiensche Verschiebungskonstante	mm K	Millimeter Kelvin	$w \approx 2{,}9$ mm K für Nicht- und Halbleiter; $w \approx 2{,}7$ mm K für Metalle
w	spezifische Arbeit	$\dfrac{J}{kg}$	Joule durch Kilogramm	

154 Physikalische Größen, Formelzeichen und Einheiten

Physikalische Größe		SI-Einheit (außer [ ]) SI = Système International d'Unités		Umrechnung in andere Einheiten und Bemerkungen
Formelzeichen	Name	Kurzzeichen	Name	
x	Längenkoordinate	m	Meter	
x_w	Wassermenge	$\left[\dfrac{g}{kg}\right]$	Gramm durch Kilogramm	z. B. $\dfrac{g \text{ Wasser}}{kg \text{ trockene Luft}}$
y	Längenkoordinate	m	Meter	
z	Längen- bzw. Höhenkoordinate	m	Meter	
z	Zähnezahl (bei Zahnrädern)	–		
Θ	thermodynamische Temperatur	K	Kelvin	$\Theta = \vartheta + \Theta_n$
Θ_n	thermodynamische Temperatur bei Normalbedingungen	K	Kelvin	$\Theta_n = 273{,}15$ K
A	Absorptionsgrad	–		
Σ	Summenzeichen	–		
Φ	magnetischer Fluß	Vs	Voltsekunde	

Physikalische Größen, Formelzeichen und Einheiten 155

α	Winkel	rad	Radiant (Bogenmaß)	$1 \text{ rad} = \dfrac{180°}{\pi}$ (Die Einheit rad wird beim Rechnen durch die Zahl 1 ersetzt.)
α	Wärmeübergangskoeffizient	$\dfrac{W}{m^2 K}$	Watt durch Quadratmeter Kelvin	
α_R	Temperaturkoeffizient	$\dfrac{1}{K}$	reziprokes Kelvin	
β	Winkel	rad		(siehe α-Winkel)
γ	Winkel	rad		(siehe α-Winkel)
γ	spezifisches Gewicht	$\dfrac{N}{m^3}$	Newton durch Kubikmeter	
γ	Volumenausdehnungskoeffizient	$\dfrac{1}{K}$	reziprokes Kelvin	$\gamma_{\text{Luft}} = 0{,}003675 \, \dfrac{1}{K}$
δ	Winkel	rad		(siehe α-Winkel)
ε	Winkelbeschleunigung	$\dfrac{\text{rad}}{s^2}$	Radiant durch (Sekunde)^2	
ε	Emissionsgrad und Absorptionsgrad	–		(siehe α-Winkel)

Physikalische Größen, Formelzeichen und Einheiten

Physikalische Größe		SI-Einheit (außer [ ]) SI = Système International d'Unités		Umrechnung in andere Einheiten und Bemerkungen
Formelzeichen	Name	Kurzzeichen	Name	
ε_o	elektrische Feldkonstante	$\dfrac{\text{A s}}{\text{V m}}$	Amperesekunde durch Voltmeter	$\varepsilon_o = 8{,}8554 \cdot 10^{-12}\ \dfrac{\text{A s}}{\text{V m}}$ (Permittivität des leeren Raumes)
ε_r	Permittivitätszahl	–		(relative Permittivität)
ζ	Schlupf	–		
η	Wirkungsgrad	–		oder %
η^*	Leistungsziffer	–		
ϑ	Temperatur	[°C]	Grad Celsius	$\vartheta = \Theta - \Theta_n$
λ	Wärmeleitfähigkeit	$\dfrac{\text{W}}{\text{m K}}$	Watt durch Meter Kelvin	
λ	Wellenlänge	m	Meter	
μ	Reibungszahl	–		
μ	Permeabilität	$\dfrac{\text{V s}}{\text{A m}}$	Voltsekunde durch Amperemeter	

Physikalische Größen, Formelzeichen und Einheiten 157

ν	Stoffmenge	kmol	Kilomol	
π	Konstante	–	$\pi = 3{,}14159$	
ϱ	spezifischer Widerstand	$\left[\dfrac{\Omega\,\text{mm}^2}{\text{m}}\right]$	Ohm Quadratmillimeter durch Meter	
ϱ	Dichte	$\dfrac{\text{kg}}{\text{m}^3}$	Kilogramm durch Kubikmeter	
ϱ	Eindringtiefe	m	Meter	
σ	Normalspannung	$\dfrac{\text{N}}{\text{m}^2}$	Newton durch Quadratmeter	$1\,\dfrac{\text{N}}{\text{m}^2} = 1\,\text{Pa (Pascal)}$
τ	Schubspannung	$\dfrac{\text{N}}{\text{m}^2}$	Newton durch Quadratmeter	
φ	Drehwinkel, Phasenwinkel	rad		(siehe α-Winkel)
φ	relative Feuchte	–		
ω	Winkelgeschwindigkeit, Kreisfrequenz	$\dfrac{\text{rad}}{\text{s}}$	Radiant durch Sekunde	(siehe α-Winkel)

6. Sachregister

Abrechnung von Gasen, thermische 81
Absorption 50, 59
Absorptionsgrad 52
Absorptionsvermögen 52
adiabat 72
Aggregatzustand 77
Anergie 71
Angriffspunkt 11
Anlaufentlastung 140
Arbeit 37
– elektrische 111
– mechanische 63
– technische 66
– zugeführte 63
Auslösung
– magnetische 137
– thermische 137
Außenleiter 99
Ausströmgeschwindigkeit 35

Basisgrößen des internationalen Einheitensystems 12
Bauteile, elektronische 126
Bernoullische Gleichung 34
– erweiterte 36
Beschleunigung 11
Betriebsdruck 81
Bewegungsdruck 34
Bezugsniveau 38
Biegemoment 23
Biege-Widerstandsmoment 24
Blindstromkompensation 108
BOYLE-MARIOTTE, Gesetz 79
Bremsmoment 139
Brennwert 80
Brennwertkessel 81

Bürsten 113
Dampfdruckkurve 75, 76
Dielektrizitätszahl 55
Diode 113
Dipol 56
Dipolbewegung 57
Doppelweg-Gleichrichtung 114
Dosenöffner, mit einarmigem Hebel 16
Drehfeld, elliptisches 141
Drehfeldleistung 134
Drehfrequenz 12
– synchrone 131
Drehmoment 13
Drehspul-Meßinstrument 94
Drehstrom 99, 108
Drehstromnetz 100
Drehwinkel 13
Dreieckschaltung 100, 101, 109
Drossel 119
Druck 31
– absoluter 33
– hydrostatischer 32
– statischer 34
Druckfeder 39
Druckkessel, einer Hauswasseranlage 35
Druckverlust 36
Durchdringung 59
Durchflutung 91
Durchflutungsgesetz 96
Durchgehen 122, 126
Dynamoblech 95

Effektivdruck 81
Effektivspannung 104
Effektivstrom 104
Eigenbelüftung 126

Eindringtiefe, (Mikrowellen) 59, 60
Eintritts-Feldstärke 61
Elektrisierungszahl 55
Elektromotor 94
Elektronische Vorschaltgeräte 118
Elektrotechnik 97
Emission 50
Emissionsvermögen 53
Emissionsgrad 52, 53
Energie 63
- im Kondensator 111
- innere 63
- kinetische 40
- potentielle 38
Energieaustausch 83
Energiebilanz 82
Energieerhaltungssatz
- Elektrotechnik 116
- Mechanik 32
- Wärmelehre 65
Energierückgewinnung 69
Energiestrom, Differenz- 53
Enthalpie 65
Enthalpiebilanz 82
Entropie 71
- spezifische 72
Entstörkondensator 111
Erregerspule 120, 123
Erregung, magnetische 96
Erstarren 76
Erstarrungstemperatur 73
Erstarrungswärme 73
Erwärmungszahl 58
Exergie 71

Fahrraddynamo 97
Fallbeschleunigung 11
Faser, neutrale 23
Federkonstante 39
Feldkonstante, elektrische 57
Feldlinien, magnetische 91
Feldstärke, magnetische 96
Flächenpressung 26

Fliehkraftschalter 137
Fluß, magnetischer 93
Flußdichte, magnetische 93
Fortpflanzungsgeschwindigkeit 55
Freistromtemperatur 47
Frequenz 98
Funken 129
Funkenlöschglied 112

Gaskonstante 79
GAY-LUSSAC, Gesetz 79
Gefriertrocknen 76
Gegenmoment 139
Gegenspannung 121
Generator 96
Geschwindigkeit 11
Getriebe 18
Gewichtskraft 11
Gleichgewicht 14
- thermodynamisches 77
Gleichrichter 112
Gleichspannung 87
Gleichstrom, welliger 113, 114
Gleitreibung 27
Gleitreibungszahl 28
Graetz-Schaltung 114

Haftreibung 28
Haftreibungszahl 28
Halogen-Glühlampen 117
Haltepunkt 74, 75, 78, 85
Handstaubsauger 16
Hauptsatz der technischen Wärmelehre
- erster 63, 65
- zweiter 71
Hauptspule 136
Hauswasseranlage 35
Heißleiter 88
Heizleiter 116
Heizwert, spezifischer 80
Hilfsspule 136
Höhendruck 34
Hohlraumresonator 55, 61

Hydraulische Presse 31
Hydrostatisches Paradoxon 33

Induktion, magnetische 93
Induktionsgesetz 96
Induktivität 95, 107
Infrarotstrahlung 50
Inkompressibilität 33
Intensitätsverteilung 53
Isotherme 67

Käfigläufer 132
Kälteakku 75
Kapazität 105
Klauenpolrad 142
Kohlebürsten 113
Kohlen 113
Kollektor 113, 129
Kombinationsschaltungen 90
Kommutator 113, 129
Kommutierung, elektronische 130
Kondensationswärme 75
Kondensator 104, 111
Kondensieren 76
Kontinuitätsgleichung 33
Konvektion
– erzwungene 48
– freie 48
– Zwangs- 48
Koordinatensystem, kartesisches 14
Körper
– diathermaner 50
– grauer 50
– schwarzer 50
– weißer 50
Kraft 11
– Angriffspunkt 11
– Vektor 12
Kräftegleichgewicht 14
Kräftepolygon 14
Kraftlinien 91
Kreis-Drehfeld 136
Kritischer Punkt 77

Kurzschlußläufer 132
Kurzschlußring 140
Ladung, elektrische 105

Läufer 96
– mit ausgeprägten Polen 141
Läuferspule 121, 123, 125
Leerlauf 117
Leistung 42
– elektrische 102
– mechanische 42
– mittlere 104, 110
Leistungselektronik 127
Leistungsfaktor 105
Leistungs-Übertrager 118
Leiter, elektrischer 88
LENZsches Gesetz 132
Leuchtstofflampen 119
Lichtgeschwindigkeit 50
Luftdruck 32

Magnetfeld 91
– umlaufendes 131
Maschinenkonstante 121
MAXWELLsche Gleichung
– erste 54
– zweite 54
Mechanik 11
Mikrowellen 54
– Haushalts-Gargerät 60, 61
– Strahlung 54
Mischtemperatur 83
Mischungsgleichung 82
Mitmoment 139
Mittelpunktsleiter 99
Molekularbewegung 63
MOLLIER-Diagramm 66
Momentanwert, der Leistung 42
Momentengleichgewicht 15
Momentenvektor 13
Motor
– Anlaßkondensator- 137, 138
– Anwurf- 136

- Betriebskondensator 136, 138
- Drehfeld- 130
- Drehstrom-Asynchron- 131, 132
- Drehstrom-Synchron- 131, 132
- Doppelkondensator- 138
- fremderregter 121
- Gleichstrom-Permanent- 124
- Hysterese- 142
- Induktions- 140
- Kommutator- 120
- Magnetläufer- 142
- Nebenschluß- 123, 128
- polumschaltbarer 132
- Reihenschluß- 125, 128
- Reluktanz- 141
- Spaltpol- 140
- Synchron- 132, 141, 143
- Universal- 127
- Wechselstrom-Asynchron- 135

Nebenschluß 123
Normalkomponente 37
Normalspannung 19
Normbedingungen 80
Normvolumen 80
NTC-Widerstand 88
Nulleiter 99
Nutzmoment 129

OHMsches Gesetz 90
Oszillatorschaltung 118

Parallelschaltung 89
Partialdruck 66
Periodendauer 98
Permanentmagnet 92, 97
Permeabilität 95
Permittivität
- des leeren Raumes 57
- relative 55
- szahl 55
Phasen 99
Phasenverschiebung 104

Phasengrenzen 77
Phasenwechsel 83
Pol 87
Polarisierung 56
Polyurethan 46
Profile 24
Prozeß
- irreversibler 71
- reversibler 71
Pumpspeicherkraftwerk 38

Quellenspannung 97

Rechtsschraubenregel 13
Reflexion 59
Reibung 27
- rollende 29
Reibungszahl 27
Reibungsfreiheit 34
Reibungskraft 27
Reibungsschwingungen 29
Reihenschaltung 88
Relativbewegung 27
Restwelligkeit 114
Rotationsenergie 41
Rückstoßprinzip 36

Sättigungsdruck 66
Schaumstoffe 46
Scheinleistung 104
Schiefe Ebene 30
Schleifringläufer 132
Schlupf 133
Schmelzdruckkurve 74, 77
Schmelzen 76
Schmelzenthalpie, spezifische 73
Schmelztemperatur 73
Schmelzwärme 73
Schmierfilm 28
Schneidemaschine 43
Schneidstichel 16
Schubspannung 19
Schutzleiter 101

Sachregister

Schutzschalter 140
Schutztrennung 117
Schwärzegrad 52
Schwerpunkt 11
Selbstinduktion 107
Selbstinduktionsspannung 112
Serienschaltung 88
Siedetemperatur 75
Spannung 19, 87, 90
Spannungsabfall 90
Spannungskonstanthalter 114
Spannungszustand, homogener 31
Spitzenspannung 104
Spule 112, 119
Ständer 96, 98
Ständerspule 97, 121, 123, 125
Startkraft 29
Staudruck 36
Sternschaltung 100, 109
Strahlung, selektive 53
Strahlungsaustausch 53
Strahlungskonstante 51, 53
Stromrichtung 87
Stromstärke 87, 90
Strömung
– erzwungene 48
– freie 48
Stromwender 113
Sublimation 76
Sublimationsdruckkurve 77

Takten, der Leistung 110
Tangentialkomponente 37
Temperatur, thermodynamische 51
Temperatur-Entropie-Diagramm 73
Temperaturstrahlung 50
Torsionsmoment 25
Torsions-Widerstandsmoment 26
Trägheitsmoment 14
Trafoblech 116
Transformator 97, 115
– Drehstrom- 116
– Einphasen- 115

– elektronischer 118
– Spar- 116
– Stell- 116
– Trenn- 117
Translationsenergie 40
Tripelpunkt 77
Trocknen, mit erwärmter Luft 67
Trocknungsprozesse 66

Überdruck 33, 35
Übersetzungsverhältnis 116
Ultrarotstrahlung 50
Umdrehungsfrequenz 18
Umformung, elektrischer Energie 112
Ummagnetisierung 127

Vakuum-Lichtgeschwindigkeit 55
Vektor 13
Vektorrechnung 14
Verbraucher
– nicht-ohmscher 104
– ohmscher 104
Verdampfen 76
Verdampfungsenthalpie, spezifische 75
Verdampfungswärme 75
Verdrängungsarbeit 64
Verdunsten 76
Verdunstungskälte 76
Verformungsarbeit 40
Verlustfaktor 57
Verlustleistung 123, 126
Verlustwinkel 57
Verschiebearbeit 64
Verschiebungsdichte 57
Versorgungsnetz, elektrisches 116
Volumenausdehnungskoeffizient 79

Wärmeenergie
– spezifische 73
– zugeführte 63
Wärmediagramm 72
Wärmedurchgang 46
Wärmedurchgangskoeffizient 49

Sachregister

– fiktiver 54
Wärmeentwicklung 116
Wärmekapazität, spezifische 69
Wärmelehre 45
Wärmeleistungsdichte 58, 61
Wärmeleitfähigkeit 46, 47
Wärmeleitung 45
Wärmestrahlung 50
Wärmestrom 41
Wärmestromdichte 46
Wärmetauscher 72
Wärmetod 134
Wärmeübergang 46
Wärmeübergangskoeffizient 47
Wäschetrocknen 67
Warmwasserheizkörper 49
Wassermasse, äquivalente 83
Wasserturm 33
Wasserwert 83
Wechselfeld, elektrisches 57
Wechselspannung 87
Wechselstrom 97
Wellen, elektromagnetische 54

Wellenlänge, der Mikrowelle 60
Wicklung
– Primär- 115
– Sekundär- 115
Widerstand 88, 90
– induktiver 108
– kapazitiver 106
– spezifischer 88
Winkelbeschleunigung 13
Winkelgeschwindigkeit 12
Wirkleistung 104
Wirkungslinie 12, 13
Wolframkreislauf 117

Zahl, natürliche 60
Zeiger-Meßinstrumente 104
Zentrifugalkraft 12, 122
Zündschaltung 119
Zusatzwiderstand 124
Zustandsänderung 63
Zustandsgleichung, thermische 80
Zustandsgrößen 63
Zustandszahl 81

Vertiefen Sie das Thema

Wohnökologie. Grundwissen. Prof. Dr. Sigrid Rughöft. Unter Mitarbeit von Prof. Elfriede Ahlert. 1992. 279 Seiten, 95 Abbildungen, 11 Tabellen. (UTB 1679). Kt. DM 36,80 / öS 272.– / sFr 37.80. ISBN 3-8001-2642-7.

Ökonomik des privaten Haushalts. Prof. Dr. Barbara Seel. 1991. 358 Seiten, 121 Abbildungen, 10 Tabellen, 33 Übersichten. (UTB 1621). Kt. ISBN 3-8001-2633-8.

Einführung in die Wirtschaftslehre des privaten Haushalts. Prof. Dr. Rosemarie v. Schweitzer. 1991. 361 Seiten, 67 Abbildungen. (UTB 1595). Kst. ISBN 3-8001-2623-0.

Werk- und Betriebsstoffe im Haushalt. Prof. (i. R.) Dr. agr. Gerhard Wildbrett (Hrsg.), Dr. rer. rer. nat. Irmgard Alexander, Dr. oec. troph. Dorothea Auerswald, Dr. rer. nat. Dieter Grosser, Univ. - Doz. (i. R.) Ir. Hendrikus W. Logman, Prof. Dr. agr. Manfred Schätzke, Dr. oec. troph. Karin Siedler-Thul, Giesela Wieter. 1995. 376 Seiten, 81 Abbildungen, 79 Tabellen. (UTB 1795). Kt. ISBN 3-8001-2581-1.

Die arbeitsgerechte Küche. Ergonomie und Sicherheit in der Küche. Prof. Dr.-Ing. Hans-Jörg Bullinger, REFA-Ing. Johannes J. Solf, Prof. Dr. Elfriede Stübler. 1984. 379 Seiten, 334 Abb. Kt. ISBN 3-8001-2129-8.

Haushaltsgeräte messen und prüfen. Meßtechnische Prüfverfahren. Deutsche Gesellschaft für Hauswirtschaft e.V. (Hrsg.). Redaktion Prof. Dipl.-Ing. Klaus Wiggert, Dipl.-Ing. Horst Dürr. 1989. 313 S., 14 Zeichn., 52 Tab. Kt. ISBN 3-8001-2138-7.

Einführung in die Arbeitswissenschaften. Analyse und Gestaltung von Arbeitssystemen. Prof. Dr. rer. pol. Rainer Bokranz, Prof. Dr.-Ing. Kurt Landau. 1991. 512 Seiten, 185 Abbildungen, 56 Tab. (UTB 1619). Kst. ISBN 3-8001-2627-3.

Lebensmittelverarbeitung im Haushalt. Deutsche Gesellschaft für Hauswirtschaft e.V. (Hrsg.), Bad Godesberg. Redaktion: Prof. Dr. Rosmarie Zacharias, Dipl.-Ing. Horst Dürr. 5., überarb. Auflage 1992. 283 Seiten, 17 Zeichnungen, 131 Tabellen. Kt. ISBN 3-8001-2139-5.